JOSCHKA
FISCHER

ZEITEN
BRUCH

JOSCHKA FISCHER

ZEITEN BRUCH

KLIMAWANDEL UND
DIE NEUAUSRICHTUNG
DER WELTPOLITIK

Kiepenheuer
& Witsch

»Von Geopolitik wird stets gesprochen, als ob das Präfix ›geo-‹ lediglich den *Rahmen* darstellte, in dem sich politisches Handeln abspielt. Nun vollzieht sich eine Veränderung insoweit, als ›geo-‹ von jetzt an einen Wirkfaktor bezeichnet, der uneingeschränkt an unserem öffentlichen Leben teilnimmt.«

Bruno Latour, Das terrestrische Manifest
Berlin 2020, S. 51.

INHALT

Einleitung
9

Die Klimakrise und die
Neuausrichtung der Staatenwelt
17

Planetare Verantwortung
und die digitale Vermessung der Welt
67

Die Welt im Übergang
86

Deutschland hat bereits gewählt
112

Anmerkungen
126

EINLEITUNG

Der jüngste Bericht des Weltklimarates lässt keinen Zweifel mehr zu. Wenn die Menschheit mit ihrer industriellen Zivilisation und der damit verbundenen jährlichen Freisetzung von 36,4 Mio. Tonnen an CO_2 weltweit (2019) so wie bisher weitermacht, dann werden wir in naher Zukunft in einer immer weiter aufgeheizten Welt zu leben haben, mit massiven negativen Konsequenzen für die gesamte Biosphäre.

Was aus heutiger Sicht als das »größte Experiment« in der Geschichte der Menschheit bezeichnet werden kann, begann, so sagt uns die Wissenschaft, vor Millionen von Jahren als Teil des natürlichen Evolutionsprozesses auf unserem Planeten. Damals im hochkomplexen Prozess der Evolution ein nicht weiter erwähnenswertes Randphänomen, schickt sich dieser nun an, den ganzen Planeten unwiderruflich zu verändern.

Deswegen ein Blick zurück in die Menschheitsgeschichte: Vor etwa 4 Mio. Jahren betrat die Gattung »Mensch« im großen afrikanischen Grabenbruch die Welt. Die Geburt unserer Gattung geschah unter den Bedingungen der erdgeschichtlichen Epoche des »Holozäns«,[1] die sich durch eine große klimatologische Stabilität ausgezeichnet und so entscheidend zur Entstehung und Entwicklung unserer Gattung beigetragen hat. Unsere Spezies war mit nicht mehr ausgestattet als ihrem aufrechten Gang, den dadurch zum Greifen und Bearbeiten freien Händen und einem fantastischen Gehirn. Zu Beginn ihrer Evolution bestand diese Spezies nur aus einer überschaubaren Anzahl von Exemplaren, die sich, eingebunden in den langsamen Rhythmus der Evolution, allmählich über den gesamten Globus ausbreitete. Vor etwa 200 000 bis 300 000 Jahren betraten dann unsere direkten Vorfahren, der Homo sapiens, die Bühne der Evolutionsgeschichte, und mit ihm begann eine nicht absehbare Erfolgsgeschichte bis in unsere Tage. Der Homo sapiens heute, weltweit ca. 8 Milliarden Individuen, übernahm die Herrschaft über den gesamten Planeten und dessen weitere Entwicklung. Ob diese Geschichte auch weiterhin als »Erfolg« zu bezeichnen ist, wird gerade in unseren Tagen, in denen die Kosten dieser beeindruckenden Entwicklung zunehmend sichtbarer werden, immer zweifelhafter.

Mit der landwirtschaftlichen, der sogenannten »neolithischen« Revolution, der zweiten großen technischen Revolution nach der Zähmung des Feuers, hatten einige dieser frühen Jäger und Sammler an wenigen Orten der Welt unter regional besonders günstigen Umweltbedingungen die Domestikation von Pflanzen und Tieren gelernt, sie wurden sesshaft und begannen mit der Landwirtschaft.

Daraus entstanden die ersten Städte, Zivilisationen und Hochkulturen, mit Schrift und Zahlen, dem Rad und metallurgischen Fähigkeiten, die zu Werkzeugen und Waffen führten, die denen der Zeit der Steinbearbeitung weit überlegen waren. Und es entstanden immer komplexere, differenziertere menschliche Gesellschaften mit immer komplexeren symbolischen Zeichensystemen. Auch wenn sich der Homo sapiens anschickte, seine Umwelt Schritt für Schritt zu verändern und zu kontrollieren, blieb seine Entwicklung doch lange eingebunden in das langsame Zeitmaß der Evolution, die Anzahl an Individuen blieb beschränkt durch die Begrenztheit seiner Mittel und seines Wissens.

Dieser langsame Fluss der Entwicklung mit Auswirkungen auf die gesamte Weltgeschichte sollte sich in Europa erst mit der Renaissance, also etwa seit dem 15. Jahrhundert, und dann mit der Aufklärung ändern, in jenem zerklüfteten kleinen Kontinent am westlichen Rand des riesigen Asien, mit diesem geologisch und später auch historisch und kulturell eng verbunden. Die wissenschaftliche Erforschung der Welt und ihre technische Reproduzierbarkeit gewannen seitdem, ausgehend von Europa, eine alles andere überragende Bedeutung für unsere weitere Entwicklung. Mit der industriellen Revolution, beruhend auf der scheinbar unerschöpflichen Verfügbarkeit von Energie aus fossilen Energieträgern (zuerst Kohle, später Erdöl und Erdgas), die in immer größeren Mengen gefördert und verbrannt wurden, und der maschinellen Umsetzung dieser Energie in Produkte, Prozesse und in eine bis dahin nicht gekannte Mobilität begann die definitive Entkoppelung der Spezies Homo sapiens von dem langsamen Bewegungsrhythmus der Evolution. Fortan setzte der industrialisierte Mensch seine eigene Geschwindigkeit und ließ den Raum schrumpfen. Seit dem frühen 19. Jahrhundert, dem Beginn der industriellen Revolution in Westeuropa, vervielfachte sich auch die Anzahl der menschlichen Individuen weltweit aufgrund besserer Hygiene und Ernährungsbedingungen und des medizinischen Fortschritts und explodierte regelrecht mit der letzten Jahrtausendwende bis hin zur gigantischen Zahl von ca. 8 Milliarden Individuen.

Diese atemberaubende Erfolgsgeschichte hatte ihren Preis. Die moderne technisch-wissenschaftliche Zivilisation griff durch den Fortschritt der Industrialisierung mehr und mehr in die großen komplexen Kreisläufe der Natur ein, von denen auch die menschlichen Existenzgrundlagen abhängen, ohne deren Auswirkung zu überschauen. Der Planet schien in seiner Größe und in der Verfügbarkeit der zu entdeckenden Ressourcen unerschöpflich zu sein, hinzu kam die Ingeniosität menschlicher Wissenschaft und Ingenieurskunst. Aber dieser Eindruck sollte sich angesichts der galoppierenden Industrialisierung immer weiterer Gebiete des Planeten und fast hypertroph wachsender menschlicher Gesellschaften in der zweiten Hälfte des 20. Jahrhunderts als große Illusion erweisen. Denn die sich immer weiter industrialisierende und wachsende Menschheit überforderte zunehmend die Stabilität der entscheidenden natürlichen Regelsysteme unserer Erde, vorneweg des Weltklimas.[2]

Leben wir modernen Menschen in der Gegenwart also in einem neuen, zum ersten Mal von uns Menschen gemachten erdgeschichtlichen Zeitalter, im Zeitalter des sogenannten Anthropozäns? Sieht man auf die Auswirkungen der globalen technisch-wissenschaftlichen Zivilisation auf die Biosphäre, auf das globale Ökosystem und dessen Subsysteme, vor allem des Weltklimas, könnte man in der Tat zu dieser Auffassung gelangen. Allerdings steht dem der Faktor Zeit entgegen: Trotz all der massiven

Auswirkungen der modernen technisch-wissenschaftlichen Zivilisation auf die globale Umwelt verlaufen erdgeschichtliche Epochen in Zeiträumen von zig Millionen Jahren und mehr.[3]

Tatsächlich, so scheint es mir, geht es bei dem Begriff Anthropozän nicht so sehr um einen Begriff für ein vom Menschen gemachtes neues Erdzeitalter, sondern eher um die von Menschen gemachte Zerstörung seiner Biosphäre, um die in der Gegenwart immer drängender werdende Frage nach der weiteren Bewohnbarkeit oder Unbewohnbarkeit der Erde für unsere Spezies, die es wahrscheinlich erst seit 2- oder 300 000 Jahren auf dieser Erde gibt.

Richtig ist: Die menschliche Spezies ist in diesem erdgeschichtlich kurzen Zeitraum auf gegenwärtig 8 Mrd. Individuen angewachsen und greift mittels ihrer technisch-wissenschaftlichen Zivilisation global in Räume und Systeme des Planeten ein, die sich in der Vergangenheit dem menschlichen Zugriff entzogen hatten: in das Weltklima, den globalen Wasserhaushalt, den Zustand der Ozeane, Radioaktivität, Biodiversität u. v. m.

Es geht bei der Frage nach dem Sinn des Begriffs Anthropozän nicht darum, was die Erde aushält, sondern darum, was unsere menschliche, technisch-wissenschaftliche Zivilisation aushält. Oder genauer: was wir Menschen uns an Ignoranz gegenüber unseren natürlichen Lebensgrundlagen, von denen wir als biologische Spezies untrennbar abhängen, eigentlich noch erlauben dürfen, ohne uns als Spezies durch die Zerstörung unserer Umwelt selbst zu schädigen und sogar selbst zu zerstören. Es stellt sich also nicht die Frage nach der Zukunft der Erde *an sich,* sondern der Zukunft der Erde *für uns.*

So weist der Begriff des Anthropozäns immerhin auf das Drama hin, dass es uns als Spezies gelungen ist, uns von der Abhängigkeit unserer evolutionär entstandenen natürlichen Bedingungen und Begrenzungen mittels Wissenschaft und Technik zu lösen, ohne vollständig die Konsequenzen dieses Prozesses zu überschauen und so von diesen auf einer höheren Stufe wieder eingeholt zu werden. Es scheint der Menschheit mit der Industrialisierung so zu gehen wie Goethes berühmt-berüchtigtem Zauberlehrling, der zwar in Abwesenheit seines Meisters die Zauberformel wusste, um einen magischen Besen zu ungeahnten Aktivitäten zu bringen, aber leider die Formel nicht kannte, um dem Besen wieder Einhalt zu gebieten.

Wie dem Goethe'schen Zauberlehrling könnte es auch der Menschheit mit den Geistern der industriellen Revolution in Zeiten der Klimakrise ergehen: »Herr, die Not ist groß! Die ich rief, die Geister, werd' ich nun nicht los.« Nur dass es im Falle des Homo sapiens keinen alten Meister gibt, der die entfesselten Geister – »... in die Ecke Besen! Besen! Seid's gewesen ...« – zu bannen vermag. Diese Aufgabe werden wir wohl selbst in Angriff nehmen müssen.

DIE KLIMAKRISE UND DIE NEUAUSRICHTUNG DER STAATENWELT

Unsere technisch-wissenschaftliche Zivilisation wiegt uns in der Illusion nahezu vollständiger Kontrolle, ja Beherrschbarkeit der uns umgebenden Natur und ihrer Prozesse. Und wo dies erkennbar noch nicht der Fall ist, arbeiten wir daran, dass diese Beherrschbarkeit Wirklichkeit wird. Allerdings sollten uns nicht zuletzt der plötzliche Ausbruch der Covid-19-Pandemie im Jahr 2020 und die rapide globale Ausbreitung des Virus, die zu einer nicht für möglich gehaltenen Schnellbremsung der gesamten Weltwirtschaft führte, eines Besseren belehren.

Unsere kontrollvernarrte Zivilisation wurde von einem mikroskopisch kleinen Virus überrascht, das unsere Abhängigkeit von der Welt der Mikroben und Viren, einem nicht unwichtigen Teil der Biosphäre, mit einem Big Bang nur zu deutlich machte. Man kann diese globale Pandemieerfahrung auch als die berühmte »Schrift an der Wand« deuten, die zeigt, welches Schicksal der Gattung Homo sapiens drohen wird, würde sie die Zerstörung der komplexen Regelsysteme unseres Planeten im bisherigen Tempo weiterbetreiben. Das Virus bedroht bisher »nur« das einzelne Individuum und auch Lebensstile, nicht aber die Lebensgrundlagen der gesamten Spezies. Darin besteht der entscheidende Unterschied zur globalen Klimakrise.

Gegen deren Folgen wird deshalb auch kein Impfstoff verfügbar sein. Ob der Homo sapiens in seinen vielfältigen Ausprägungen will oder nicht, er ist zum ersten Mal in seiner Geschichte gezwungen, als »Menschheit« zu handeln, die Verantwortung für sein Tun zu übernehmen und deren Folgen zu begrenzen.

Das Projekt der Aufklärung blieb bis heute unvollendet, weil die Menschheit zwar tief in die komplizierten, hochvernetzten Abläufe des Planeten und damit in die eigenen Lebensbedingungen eingegriffen, nicht aber die Letztverantwortung für das eigene Tun und seine Konsequenzen für den Erhalt des Planeten übernommen hat.

Genau darum wird es im 21. Jahrhundert in der internationalen Politik gehen müssen, nicht mehr vorrangig um die Gestaltung einzelner Gesellschaften oder Zivilisationen und der Rivalitäten zwischen ihnen, wie dies in der bisherigen Geschichte der Menschheit der Fall war. Es tut sich damit aber eine völlig neue Dimension in der Geschichte unserer Gattung auf: Es wird zukünftig nicht mehr um die Eroberung unserer Erde (der einzigen, die wir haben!) gehen, sondern um deren Bewahrung.

Der Übergang von einer machtbasierten Eroberungslogik, die unser politisches Handeln bisher bestimmt hat, hin zu einer Logik der Selbsterhaltung als Gattung wird tief in das Bewusstsein, in die Werte, in die Strukturen und Mechanismen, auch in die Institutionen, die unseren Alltag strukturieren und formen, eingreifen. Ja, dieser Übergang wird nicht nur ein neues Kapitel in einem vor langer Zeit begonnenen Buch der Geschichte der Menschheit darstellen, sondern den Beginn eines völlig neuen Buches, in dem nicht zuletzt die Frage nach der Reichweite staatlicher Souveränität angesichts der höchst realistischen Bedrohung der gemeinsamen Lebensgrundlagen aufgeworfen werden muss. Die einzelstaatliche Verpflichtung auf die gemeinsamen klimapolitischen Ziele und Zeitpläne und auf deren Umsetzung wird dabei noch lange von zentraler Bedeutung bleiben, da eine Weltregierung selbst angesichts einer drohenden globalen Katstrophe völlig unrealistisch ist. Dazu ist die Menschheit viel zu divers, zu gegensätzlich in ihren unterschiedlichen Kulturen, Sprachen, Werten und Interessen.

Die Covid-19-Krise zeigt gerade, dass auch bei

transnationalen Herausforderungen wie der Pandemie vorerst die Nationalstaaten als die entscheidenden Umsetzungsinstrumente auch einer international abgestimmten Vorgehensweise unverzichtbar bleiben. Sie bleiben bis auf Weiteres die entscheidende Quelle von Legitimität für die notwendigen, staatlich angeordneten Maßnahmen. Dies läuft aber keineswegs auf eine Stärkung der Nationalstaaten hinaus, denn die Bedrohungsdimension ist eben global, also weit jenseits der Reichweite nationalstaatlichen Handelns, selbst der größten und mächtigsten Staaten unserer Zeit. Mit der zunehmenden Bedeutung der globalen Bedrohungen werden sich letztlich doch die politischen Gewichte in der internationalen Politik nach und nach in Richtung gemeinsamen Handelns und damit multilateraler Institutionen verschieben müssen.

Nationalstaaten bilden aber eben immer noch für die meisten Menschen, gerade in Zeiten existenzieller Bedrohung einen sicheren Halt. Der Nationalstaat reicht jedoch zur Bewältigung einer solchen Bedrohung nicht mehr aus, da kein Staat in unserer Zeit seine Grenzen mehr total abriegeln und sich isolieren kann. Das Risiko von Mutationen und weiterer Ansteckung etwa bleibt bestehen, wenn es zu keiner koordinierten internationalen Anstrengung kommt.

Eine globale Regierungsführung kann also in der überschaubaren Gegenwart, wenn überhaupt, nur durch die freiwillige Kooperation aller gelingen, durch die Zusammenarbeit auf politischer und wissenschaftlicher Grundlage unter dem Dach der Vereinten Nationen im Bewusstsein der gemeinsamen Verantwortung für den Planeten. Dies wird ein mühseliger und zugleich alternativloser Prozess bleiben, da die verschiedenen Interessen und politischen Kulturen der Einzelstaaten dem Gesamtinteresse der Spezies Mensch oft entgegenstehen werden. Aber nur auf diese Weise wird es eine abgestimmte und weltweit wirksame Klimapolitik geben können und in der Konsequenz eine planetarische Verantwortungsübernahme durch den Homo sapiens.

Wir stehen also in der Gegenwart vor einer großen Transformation[4] unserer modernen Zivilisation, die den ganzen Planeten und unsere technisch-wissenschaftliche Zivilisation betreffen wird, die nicht freiwillig geschieht und für die der Begriff der planetarischen Transformation angemessen ist.[5]

Angesichts der Wirkungsmächtigkeit der Eingriffe und der Größe der modernen, technisch-wissenschaftlichen Zivilisation geht es dabei um gemeinsame Lösungen unter einem immer weiter zunehmenden Zeitdruck, ausgelöst durch das Voranschreiten der Klimakrise. Auch deswegen können diese Schritte nur noch auf planetarischer Ebene stattfinden. Die Phase des »think global, act local« ist an ihr Ende gekommen, auch wenn das lokale Handeln unverzichtbar bleibt. Fortan wird es vielmehr darum gehen müssen, auch gemeinsam global zu *handeln*.

Damit aber steht die Menschheit zum ersten Mal in ihrer gesamten Geschichte vor einer völlig neuen, noch nie gekannten *politischen* Herausforderung, einer neuen Dimension der internationalen Politik, denn diese »Menschheit« gibt es bis zur Stunde als politisch handelndes Subjekt eigentlich noch gar nicht, sondern mehr oder weniger nur als abstrakte analytische Kategorie oder als philosophisch-literarischen Begriff. Durch die Klimakrise und den damit einhergehenden Zwang zur Verantwortungsübernahme für den Planeten wird sich diese als Subjekt überhaupt erst konstituieren müssen.

Wie immer in großen Krisen und Umbrüchen wird dieser tiefgreifende Transformationsprozess nicht ohne große politische, ökonomische und gesellschaftliche Erschütterungen verlaufen, aber unter dem Außendruck der Klimakrise und ihrer Eskalation wird sich dieses neue Subjekt »Menschheit« durchsetzen und auch institutionell mehr und mehr Gestalt annehmen müssen.

Die Evolution hat den Homo sapiens zwar von Beginn an als soziales Wesen hervorgebracht, das sich zuerst in kleinen überschaubaren Gruppen organisierte und zur sprachlichen Kommunikation und damit auch zur symbolischen Interaktion befähigt war. Aber seit dem ersten Auftauchen unserer Spezies war dieser auch die aggressive Abgrenzung der einzelnen Gruppen voneinander zu eigen, der Konflikt um knappe Ressourcen und Territorium und die daran hängende Konkurrenz um Prestige verheißende Dominanz. Und so ist es bis heute geblieben, auch wenn die Gruppen im Laufe der Geschichte immer größer und komplexer wurden. Aus Familien wurden Clans, diese zu Stämmen, und schließlich wurden aus mehreren Stämmen Staaten, die mehrere Staaten umfassende Imperien hervorbrachten. Das ist die bis heute gültige politische Organisationsform der Gattung. Und entsprechend aggressiv abgrenzend ist auch die Mentalität menschlicher Gesellschaften untereinander und von deren Staaten seit dem Beginn der Zeiten bis heute geblieben.

Die politisch organisierte Gewalt zwischen menschlichen Gruppen wurde und wird »Krieg« genannt und über die gesamte Menschheitsgeschichte hinweg literarisch überhöht und heroisiert. Die westliche Welt ist stolz auf ihre Ursprünge im klassischen Griechenland. Von dort kommt auch ihr literarisches Gründungsepos, Homers »Ilias,« das von einem zehnjährigen Krieg der Griechen gegen die Trojaner handelt, der mit der völligen Vernichtung der Stadt Troja endete.

Der frühe griechische Philosoph Heraklit erklärte schon vor zweieinhalb Jahrtausenden »den Krieg als Vater von allen und König von allen«,[6] erst mit den weltweit und mit industriellen Mitteln geführten großen Kriegen des 20. Jahrhunderts begann eine Mentalitätsveränderung in den entwickeltsten Gesellschaften des globalen Nordens, die den Ersten Weltkrieg als sinnlose industrielle Massenschlächterei erlebt hatten. Freilich folgte dann mit dem Zweiten Weltkrieg erst noch der schrecklichste aller bisherigen Kriege in der Menschheitsgeschichte, an dessen Ausgang die ultimative Waffe, die Atombombe, stand. Sie ließ mit der ihr inhärenten Massenvernichtung keinen Raum mehr für die in nahezu allen menschlichen Gesellschaften tradierte Heroisierung des Krieges und des Kriegers.

Die Atombombe hat die Politik der Staaten fundamental verändert, da sie mit ihrer Vernichtungsgewalt den Krieg zwischen Nuklearmächten potenziell bis zur gegenseitigen Auslöschung eskalierte. Deshalb blieb der Kalte Krieg zwischen den beiden Supermächten USA und UdSSR ein kalter – weil beide Seiten wussten, dass sie im Ernstfall nichts zu gewinnen, sondern alles zu verlieren hatten. Das bedeutete faktisch aber eine Abschaffung des Krieges als letzte, auf organisierte Gewalt basierende Entscheidungsinstanz zwischen den atomaren Großmächten und damit eine erste tiefe Zäsur in dem Verhältnis der Staaten zueinander.

Die Erfahrung der Verheerungen des großen Gemetzels in der ersten Hälfte des 20. Jahrhunderts namens Erster und Zweiter Weltkrieg haben allerdings auch die Idee hervorgebracht, eine dauerhafte Friedensordnung auf dem gesamten Planeten, eine »Welt ohne Kriege«, zu schaffen, die Idee einer alle Staaten umfassenden Organisation der Menschheit, die den Frieden zumindest zwischen den Großmächten sichern sollte. Der erste Versuch dazu, unmittelbar nach dem Ersten Weltkrieg in Gestalt des »Völkerbundes«, scheiterte, und erst der zweite Versuch nach dem Zweiten Weltkrieg in Gestalt der »Vereinten Nationen« gelang trotz all seiner offensichtlichen Schwächen.

Die Vereinten Nationen haben es seit ihrer Gründung im Jahr 1945 immerhin vermocht, die gesamte Menschheit in ihren gegenwärtig 193 Staaten (je nachdem, ob man Taiwan mitzählt, von seiner Verfasstheit her zweifellos ein Staat, völkerrechtlich von den meisten Staaten der Welt allerdings nicht anerkannt) zu organisieren. Die Vereinten Nationen haben diese große Leistung, dank ihrer utopischen

Gründungsidee von der »Einen Welt« vollbracht, durch ihre Organisation und mehrere Unterorganisationen, ihre Verfasstheit und gemeinsame Grundsätze, die in ihrer Charta und mehreren Konventionen niedergelegt wurden, basierend auf der formalen Gleichheit aller ihrer Mitgliedstaaten.

Allerdings wurde – darin besteht der entscheidende Unterschied zum Völkerbund – der materiellen Ungleichheit in der Machtverteilung zwischen den Staaten Rechnung getragen und diese trickreich bewahrt: Die tatsächliche politisch-militärische Macht verblieb bei den sehr großen, sehr mächtigen Mitgliedstaaten, den Weltmächten aus dem Gründungsjahr der Weltorganisation 1945, als ständige Mitglieder des Sicherheitsrats mit Vetomacht. Trotzdem ist es den Vereinten Nationen gelungen, nahezu alle Staaten dieser Welt zusammenzuführen und auf ihre Grundsätze zu verpflichten, wenn auch die reale Macht bei den tatsächlich Mächtigen, den fünf ständigen Mitgliedern und Vetomächten im Sicherheitsrat, verblieb.

Angesichts der fortbestehenden großen Unterschiede in den Interessen und Werten zwischen diesen machtpolitisch weiterhin das Staatensystem dominierenden Großmächten und den vielen kleineren Mächten stellen die Vereinten Nationen zwar keine wirklich politisch handlungsfähige Macht dar, aber bei all ihren Unzulänglichkeiten und Schwächen zeigt die mittlerweile über Jahrzehnte hinweg gemachte Erfahrung, dass diese trotz ihrer großen Schwächen als Sachwalterin des gemeinsamen »Menschheitsinteresses« unverzichtbar sind. Nur sie können mit gutem Recht und konkurrenzlos für sich beanspruchen, dass sie die gesamte Menschheit repräsentieren. Sie sind in der Tat das Forum der Staaten der Welt.

Die Weltorganisation ist machtpolitisch zwar schwach, verfügt jedoch als weltweite politische Organisation über eine einzigartige Ressource, nämlich über die Legitimität aufgrund ihrer Idee, ihres universellen Charakters und ihrer Grundsätze. Sie wird in Zukunft durch die Klimakrise noch sehr viel mehr an Bedeutung gewinnen, da gemeinsames Handeln immer notwendiger werden wird. Schon heute verkörpert der IPCC[7], der Weltklimarat der VN, die konkurrenzlose Autorität, quasi den Goldstandard bei der Analyse der Entwicklung des Weltklimas und der Prognose seiner zukünftigen Entwicklungen und der sich daraus ergebenden Handlungsempfehlungen.

Die planetarische Transformation wird die Menschheit, in ihren politischen Strukturen, Denkweisen und Wertemustern, bis in deren Kern hinein verändern, denn die heute dominierende technisch-wissenschaftliche Zivilisation ist politisch immer noch vor allem auf die Macht und den Reichtum einzelner Staaten oder Gruppen von Staaten und auf deren Konkurrenz um den größten Vorteil für die eigene Gruppe ausgerichtet.

Die bisherige Geschichte des Homo sapiens vollzog sich innerhalb der natürlichen Evolution der Gattung. Dies gilt auch für die Wissenschaft und Technologie, die beide versucht haben, diese zu verstehen und nachzuahmen.

Der evolutionäre Steuerungsmechanismus komplexerer organischer Lebewesen, auch der Gattung Mensch, waren Knappheit und Mangel – Knappheit an Nahrung, Energie, Ressourcen. Dank seiner drei ihn auszeichnenden Fähigkeiten, dem Denken, dem Handeln und der Fähigkeit zur symbolischen Interaktion, versuchte unsere Gattung, diese Situation des Mangels, diese immerwährende drückende Last, die von Beginn an das menschliche Leben bedrückte, hinter sich zu lassen. Zuerst indem die Menschen versuchten, durch Beobachtung von der Natur zu lernen, die natürlichen Gegebenheiten zu optimieren und sich diese dienstbar zu machen (die ersten menschlichen Zivilisationen entstanden auf den fruchtbaren Böden des Schwemmlandes großer Flüsse), und sehr bald auch durch Beobachtung, abstrakte Erkenntnis und Machen (all das zusammen ergibt Technologie), angetrieben durch die nie versiegende Neugierde des Menschen.

Mit der Erschließung neuer auf fossilen Kohlenstoffen beruhender Energiequellen mit ihrem gigantischen Potenzial konnte die industrielle Zivilisation dann die natürlichen Barrieren durchbrechen und den uralten Hungertraum vom »Schlaraffenland«, in dem alles für alle im Überfluss vorhanden war, Wirklichkeit werden lassen. Diese Utopie des Überflusses für alle brachte uns an den Punkt, an dem die Gattung Mensch den Planeten mit seinen begrenzten Ressourcen schlicht überfordert. Zu viele wollen einfach zu viel!

Die planetarische Transformation schlägt nun ein völlig neues, anderes Kapitel auf, ein Kapitel, das mit dem Begriff der Eigenverantwortung des Menschen für seinen Planeten überschrieben ist.

Der Weg zurück unter die Fittiche der Evolution ist uns durch die große Zahl von Individuen versperrt. Die neuen Fragen lauten: Wie ernährt man 8 bis 11 Milliarden Menschen, ohne dabei die überlebensnotwendigen Regelsysteme des Planeten zu ruinieren? Wie und in welchen Mengen und zu welchen Kosten wird die benötigte Energie erzeugt? Was ist der Bedarf an Wasser, an Rohstoffen? Wie bewahren wir die Biodiversität an Land und in den Ozeanen?

Zur Beantwortung dieser Fragen wird dabei ein ganz anderer politischer Imperativ gelten müssen: gemeinsames globales Management statt egoistischer Machtkampf. Begrenztes Gruppeninteresse im scheinbar niemals endenden Konkurrenzkampf mit anderen Gruppen wird fortan gegen die gemeinsame Verpflichtung und Verantwortung für den Erhalt des Planeten *für uns* stehen. Der Krieg wird dabei, frei nach Heraklit, gewiss nicht mehr der Vater der Rettung des Planeten sein.

Politik und Wirtschaft werden dadurch fundamental verändert werden. Wo in der Gegenwart und in den Jahrtausenden seit dem Beginn der ersten Hochkulturen ein gnadenloser Macht- und Konkurrenzkampf herrschte, wird fortan der Imperativ der Zusammenarbeit im Gesamtinteresse des Erhalts des Planeten gelten, ein veritabler Bruch der Menschheitsgeschichte. Macht und Profit werden zwar nach wie vor zu den Haupttriebfedern menschlichen Verhaltens gehören, aber der Rahmen, innerhalb dessen sie agieren können, wird sich fundamental ändern. Dies alles wird sich nicht über Nacht ereignen, sondern je nach den Auswirkungen der Klimakrise seine Zeit brauchen, aber es wird kommen. Klimawissenschaftler sind sich darin einig, dass die nächsten zehn Jahre für einen grundlegenden Wandel entscheidend sein werden: »Uns bleiben zehn Jahre. Ein Jahrzehnt. Wir sind uns des Risikos von Fristsetzungen à la ›Nur noch zehn Jahre, um den Planeten zu retten‹ sehr bewusst. Manche sagen, dass es nie zu spät sei oder dass die Veränderungen graduell vor sich gehen würden und wir uns anpassen könnten. Doch das widerspricht dem Stand unseres Wissens. Um es mit aller Klarheit zu sagen: Natürlich behaupten wir nicht, dass die Erde am 1. Januar 2031 eine Klippe hinabstürzen wird. Aber die Wissenschaft sagt uns, dass wir, wenn wir es nicht schaffen, das Ruder in den kommenden zehn Jahren herumzureißen – durch Halbierung der globalen Emissionen und Stoppen des Verlusts von Natur –, große Gefahr laufen, den Ein-Schalter für irreversible Veränderungen auf der Erde zu drücken. Wir laufen Gefahr, unumkehrbare Kipppunkte zu überschreiten, die uns auf den Weg ins Treibhaus Erde schicken, den wir nicht mehr verlassen können«, so Johan Rockström und Owen Gaffney in ihrem Buch »Breaking Boundaries« (2021).

Wir wissen heute: Das Anthropozän wird, bedingt durch die von Menschen gemachte Krise, klimatologisch sehr viel instabiler und wärmer sein als das Holozän, und es wird, verursacht durch den Überlebensimperativ der gesamten Gattung, noch sehr viel mehr von menschlichem Erfindungsreichtum und Technik bestimmt sein als in der Vergangenheit. Denn der Homo sapiens hat vieles mit seinem brillanten Gehirn erreicht, eine Kopie des Evolutionsprozesses ist ihm bisher aber nicht gelungen. Den menschlichen Versuchen, die Welt durch Technologie zu ersetzen oder zu verbessern, wird immer der Charakter des Künstlichen anhaften – statt »Mutter Erde« eben im besten Falle das »Raumschiff Erde«.

Die Entkoppelung des Homo sapiens von seiner natürlichen Umwelt durch Technik wird nicht zu einer zweiten, von Menschen geschaffenen Natur führen, sondern in eine künstliche Umwelt. Man kann diese Entwicklung bereits heute, an der beginnenden Transformation der menschlichen Ernährung, erkennen.

Das Wachstum der Spezies Homo sapiens beispielsweise lässt die Bedürfnisse der einzelnen Individuen, die tendenziell grenzenlos sind, immer weiter anwachsen. Wenn Milliarden von menschlichen Konsumenten nach tierischem Eiweiß verlangen, dann wird die schiere Masse von Zuchttieren zu einem Problem für das globale Klima, den planetaren Wasserhaushalt und die Biodiversität. Die technische Antwort darauf ist die Umstellung weg vom tierischen hin zu pflanzlichem Eiweiß, das wenn möglich die geschmackliche und textuelle Illusion von tierischem Eiweiß, von Fleisch also, für den menschlichen Gaumen aufrechterhält. Aus der jahrtausendealten Viehzucht wird damit endgültig Nahrungsmittelindustrie und nicht »Ökolandbau« unter den Bedingungen des Anthropozäns.

Mit dem Erreichen und Überschreiten entscheidender Kipppunkte für das Weltklima wird aber auch eine grundlegende Transformation in der Beziehung der Staaten zueinander erzwungen werden, denn je spürbarer die Auswirkungen der Erderwärmung werden, desto mehr wird das gesamte globale politische System unter Transformationsdruck geraten.

Die Politik der Staaten und Imperien war bisher vor allem Machtpolitik, d.h., es ging um die Mehrung der eigenen Macht, um diese in der kriegerischen Auseinandersetzung oder auch nur in friedlicher Konkurrenz mit anderen Staaten einzusetzen, sei es auf kaltem Wege als Instrument der Abschreckung oder auch im Ernstfall eines heißen Krieges, um sich durchzusetzen.

Der notwendig werdende Erhalt des Planeten aber ist kein fungibles Element staatlicher Machtpolitik, sondern die allen gemeinsame Überlebensbedingung.

Die traditionelle Machtpolitik jedoch wird nicht verschwinden, wir werden im 21. Jahrhundert mit einer doppelten, sich quasi überlappenden Realität zu tun haben, deren beide Pole einer höchst unterschiedlichen, ja oftmals krass widersprüchlichen Logik von traditioneller, auf dem Staatenegoismus gründender Machtpolitik einerseits und der immer stärker in den Vordergrund tretenden neuen planetaren Verantwortung andererseits folgen werden. Die überragende Frage für das gesamte globale politische System wird dabei sein: Welche Realität wird die internationale Politik in Zukunft dominieren – traditionelle Machtpolitik oder planetare Verantwortung? Beides wird auf Dauer nicht zusammengehen.

Der amerikanische Politologe Graham Allison veröffentlichte noch im Jahre 2017 eine Analyse zur Zukunft der amerikanisch-chinesischen Beziehungen, in der er den quasi ewigen Auf- und Abstieg großer Mächte und deren Rivalität um die Top-Position als eine der Hauptursachen von großen Kriegen identifizierte, die sogenannte »Falle des Thukydides«.[8] Ähnliches blühe auch dem Machtkampf zwischen China und den USA im 21. Jahrhundert. Dabei übersieht er, wie sehr sich seit dem 5. Jahrhundert v. Chr. der Charakter von Kriegen verändert hat – durch die Industrialisierung, durch Nuklearwaffen und nun endgültig durch den Zwang zur planetaren Verantwortung, die tiefgreifendste Zäsur von allen. Dennoch meint der Autor aus

Thukydides' berühmtem Buch über die Geschichte des Peloponnesischen Kriegs, geschrieben vor etwa zweieinhalbtausend Jahren, ließe sich etwas über die Zukunft der amerikanisch-chinesischen Beziehungen im 21. Jahrhundert ableiten!

Dabei wird das auf gewaltsamer Macht gründende Ordnungsprinzip der Vergangenheit der Staatenwelt abgelöst werden. Die Sphäre des Politischen wird dadurch ganz allgemein ihren Charakter verändern und einer grundlegenden Transformation unterworfen werden, weg von der Logik der Konfrontation hin zur Logik der Kooperation. Aus Politik im klassischen Sinn wird immer mehr Technokratie und öffentliches Management, aus der politischen Machtfrage mit all ihren daran geknüpften menschlichen Leidenschaften wird Organisation und wissenschaftliches Wissen um den Status der Welt. Es gibt keine vergleichbare Zäsur in der bisherigen Menschheitsgeschichte.

Allerdings lehrt uns die Geschichte, und dies ist die schlechte Nachricht, dass der Homo sapiens auf umstürzende, fundamentale Transformationen seines Alltags in seinen Lebenswelten, aber auch seinen politischen Strukturen in der Regel mit Gewalt und Ausbrüchen eines kollektiven Irrationalismus reagiert hat – eben ganz der altsteinzeitliche Jäger. Auf eine Bedrohung wird mit Kampf oder Flucht reagiert. Fliehen können wir von dieser Erde aber nicht, kämpfen allerdings schon – und zwar untereinander.

Doch dieses uns als Gattung seit uralter Zeit innewohnende politische Reaktionsmuster wird sich unter den neuen Bedingungen einer planetarischen Bedrohung nur als eine sinn- und nutzlose Konfrontation erweisen, als Chaos, und damit zu einer weiteren Verschärfung und unsinnigen Verschwendung von Zeit und Kräften führen.

Sollten sich aber die beiden Basistrends – die Menschheit wächst weiter, und die Erdatmosphäre wird immer wärmer – weiter ungebremst fortsetzen, dann spricht leider vieles für eine solche Chaos- oder »Mad Max«-Perspektive.

Wir leben nun etwas mehr als zwei Jahrzehnte im 21. Jahrhundert und wir sind ganz aktuell Zeitzeugen dieser mehr und mehr sich durchsetzenden Parallelität in der globalen Politik zwischen dem tradierten Staatenegoismus einerseits und der immer bedrohlicher wirkenden Zukunft unter den Bedingungen der Klimakrise andererseits, die die planetare politische Verantwortung des Menschen erzwingt. Diese zwei völlig unterschiedlichen politischen Handlungslogiken scheinen sich unter dem Druck der Klimakrise zunehmend zu verflechten, die Vergangenheit des Staatenegoismus und die durch die immer schneller eskalierende Klimakrise[9] erzwungene zukünftige planetare Verantwortung des Menschen geraten immer häufiger in Widerspruch zueinander, zumal nicht nur die verschiedenen politischen Systeme, sondern auch die unterschiedlichen Gesellschaften und Kulturen auf diese Zukunft überhaupt nicht vorbereitet sind.

Die 21. UN-Klimakonferenz von Paris vom 30. November bis zum 12. Dezember 2015 und die dort von den Teilnehmerstaaten beschlossene Klimaschutzvereinbarung sehen die Begrenzung des Anstiegs der globalen Erwärmung auf deutlich unter 2 °C, möglichst auf 1,5 °C im Vergleich zur vorindustriellen Zeit, vor, was, wohlgemerkt, noch keine Beendigung der Klimakrise, sondern lediglich deren Verlangsamung bedeuten würde. Genau dieses Abkommen markiert die entscheidende Trennlinie zwischen der Vergangenheit des global dominierenden Staatenegoismus und der Zukunft gemeinsamer planetarer Verantwortung. Denn um dieses 1,5-Grad-Ziel erreichen zu können, wird es gewaltiger Anstrengungen der Staatengemeinschaft bedürfen, um bis etwa 2040 die Verbrennung fossiler Energieträger weltweit zu beenden. Es würde bedeuten, die globale Energieerzeugung und -nutzung zu dekarbonisieren, d. h. in sehr kurzer Zeit auf eine technologisch völlig neue Grundlage zu stellen, die keine

Emissionen von klimagefährdenden Gasen wie CO_2 mehr mit sich bringt.

Das sagt sich leicht, aber wir sprechen dabei auch von der automobilen Mobilität, deren Transformation von kohlenstoffbasierten Antriebsformen (Benzin, Diesel) hin zu kohlenstofffreien tatsächlich eben erst begonnen hat. Die Massenmotorisierung war ökonomisch wie kulturell ein wesentlicher Teil des konsumkapitalistischen Glücksversprechens und des Massenwohlstands. In vorindustriellen Zeiten existierte für die Masse der Bevölkerung Mobilität jenseits der eigenen zwei Beine so gut wie nicht. Und selbst die mächtigsten gekrönten Häupter kamen über die Geschwindigkeit eines Pferdes, einer Kutsche und von geruderten Schiffen oder Segelschiffen nicht hinaus, von der für eine entwickelte Mobilität benötigten Infrastruktur ganz zu schweigen.

Erst mit der dampfgetriebenen, auf Kohleverbrennung beruhenden Eisenbahn und Schifffahrt und dann mit der individuellen Massenmotorisierung durch das Automobil begann sich die menschliche Mobilität radikal zu ändern und in das Zentrum der Industriegesellschaften zu rücken. Automobil und Massentourismus verbanden sich zugleich zur Realisierung eines großen Freiheitsversprechens, von dem die Generationen davor in den westlichen Industrieländern nicht einmal träumen konnten. Aus alldem ist ein mächtiger globaler Industriesektor von 97 Millionen Automobilen unter Einschluss von Bussen und LKWs weltweit gewachsen (1997). Die größten Produzenten waren China, die USA, Japan und Deutschland, es sind nicht von ungefähr die vier größten Industrienationen.

Weltweit sind daraus 2019 ca. 1,2 Mrd. Kraftfahrzeuge geworden, die überwiegend vom Verbrennen von kohlenstoffbasiertem Treibstoff abhängen. Ihr Bestand nimmt jährlich um etwa 8 Prozent (100 Mio.) zu. Rechnet man den wachsenden Flugverkehr und die globale Schifffahrt noch hinzu, so fallen der globale CO_2-Fußabdruck der menschlichen Mobilität und die Abhängigkeit der Wirtschaft von diesem Sektor noch sehr viel größer aus.

An dieser Industrie hängen direkt und indirekt zahllose Arbeitsplätze, der Wohlstand großer und mächtiger Nationen und die Freiheitsträume von Millionen Menschen, ja eine ganze Kultur. Zugleich ist diese riesige Menge von Kraftfahrzeugen trotz technischer Fortschritte in der Effizienz der Motoren und ihrer begonnenen Elektrifizierung einer der Hauptemittenten von CO_2.

Allein am Beispiel des Mobilitätssektors lässt sich das ganze Ausmaß des Dilemmas nachvollziehen, in das sich die Industriegesellschaften hineinmanövriert haben: Wohlstandsabhängigkeit einerseits und Klimakrise andererseits.

Es gab in der bisherigen Menschheitsgeschichte keine vergleichbare komplexe globale Anstrengung, die in einem so kurzen Zeitraum umgesetzt werden muss, faktisch meint dies nichts weniger als den Umbau der gesamten weltweiten Industriegesellschaften bis 2040.

Parallel dazu erleben wir gegenwärtig einen machtpolitischen Rückfall in die Vergangenheit: Die Rivalität globaler Großmächte ist zurück und erinnert in ihrer Intensität doch sehr an das ganz späte 19. und frühe 20. Jahrhundert in Europa, gebremst einstweilen nur durch das Faktum der Nuklearwaffen. Aber sogar ein neues nukleares Wettrüsten wird am Horizont sichtbar. Diese Großmachtrivalität schien in der unmittelbaren Zeit nach dem Ende des Kalten Krieges überwunden zu sein, was sich allerdings als einer der großen Irrtümer in einer an Irrtümern und Illusionen, aber auch an Hoffnungen so reichen Zeit erwiesen hat. Mit dem Ende der Blockkonfrontation zwischen Ost und West verschwanden eben die globalen Großmächte und ihre Rivalitäten samt ihrem nuklearen Wettrüsten mitnichten. Wie wir heute wissen, kehrten diese nach wenigen Jahrzehnten verstärkt zurück, an der Spitze die beiden Supermächte des 21. Jahrhunderts, die USA und

China mitsamt ihrer daran geknüpften nuklearen Rivalität und angereichert durch die neuen Dimensionen der Weltraumrüstung und des Cyberwars. Ein sich heute abzeichnender neuer Rüstungswettlauf unter den Großmächten wäre angesichts der enormen Kosten einer notwendigen globalen Dekarbonisierung der Weltwirtschaft an Absurdität kaum noch zu überbieten. Ganz im Gegenteil bedürfte es erfolgreicher globaler Abrüstungsinitiativen, um die frei werdenden Mittel und materiellen und geistigen Ressourcen für die Übernahme der planetaren Verantwortung einzusetzen.

Der aktuelle Widerspruch der internationalen Politik mutet in der Tat immer bizarrer an: Die traditionelle, machtpolitisch ausgerichtete Staatenwelt gefällt sich nach wie vor in Konflikten um die Prestigefrage nach der neuen globalen Nummer eins im 21. Jahrhundert. Russlands Beitrag z. B. besteht darin, zur Welt der Einflusszonen der Großmächte zurückkehren zu wollen, während die drängende Überlebensfrage für die gesamte Gattung des Homo sapiens doch längst im Vordergrund stehen müsste. Der sogenannte machtpolitische Realismus verdient diese Selbstcharakterisierung schon länger nicht mehr, sondern ist zur bloßen Verdrängung der tatsächlichen Fakten und Bedrohungen und dem Festhalten an der Welt von gestern verkommen. Die

Basisannahme dieses »Realismus« besteht darin, dass es schon so weitergehen wird, wie es in der Geschichte der Menschheit immer weitergegangen ist.

Gerade im Sommer 2021 wurde der Widerspruch dieser zwei politischen Realitäten nur allzu sichtbar: Auf der einen Seite standen die Auswirkungen der Klimakrise durch verheerende Fluten, Rekordhitze und gewaltige Brände: »Die Region (Jakutien) musste von Mai bis Anfang September die schlimmsten Waldbrände ihrer bisherigen Geschichte durchstehen. Nach Angaben der russischen Abteilung von Greenpeace standen in diesem Jahr 170 000 Quadratkilometer in Flammen, ein Gebiet weit größer als Österreich, die Schweiz und Liechtenstein zusammengenommen. ... Jakutien, eine Fläche fünf Mal so groß wie Frankreich, ist die Kältekammer Russlands. Im Winter sanken die Temperaturen in der Vergangenheit oft unter die Marke von 50 Grad minus. Doch oft werden solche Temperaturen nicht mehr erreicht. Es wird wärmer, im Sommer manchmal bis zu 30 Grad, und es wird trockener. Die Region erwärmt sich sehr viel schneller als der Rest der Welt.« (Der Tagesspiegel vom 9. September 2021). Auf der anderen Seite standen die unmittelbaren humanitären und längerfristigen geopolitischen Auswirkungen des westlichen Rückzugs aus Afghanistan. Wie werden sich diese beiden Welten in eine gemeinsame Politik integrieren lassen, ohne dass eine davon zu kurz kommt?

Die Welt der Staatenrivalität verheißt dabei wenig Gutes, denn es droht wieder einmal ein massiver globaler Ordnungsverlust, bedingt durch die Rivalität der Großmächte, die auf eine Erschütterung des weltweiten Status quo hinausläuft. Zudem zeichnen sich keine neue Ordnung, kein Sieger in dieser Rivalität ab. Die USA befinden sich zumindest in einem relativen Abstieg, verglichen mit dem aufsteigenden China. Sie haben nach dem Zweiten Weltkrieg eine weltumspannende politische und ökonomische Ordnung inklusive einer globalen Zivilisation geschaffen, die auf dem Erfolg des Massenkonsums beruhte. Dieser von Amerika geschaffenen »Konsumgesellschaft« hatte die Sowjetunion, jenseits der militärischen Rüstung, wenig entgegenzusetzen. Das von der Sowjetunion verfolgte utopische Projekt des Sozialismus erwies sich gegenüber dem nicht minder utopischen amerikanischen Projekt der Konsumgesellschaft hoffnungslos unterlegen.

China hingegen rivalisiert mit den USA erfolgreich auf deren ureigenstem Territorium von Konsum und Technologie,[10] wobei der Preis dieses Erfolges einer globalen Konsumgesellschaft heute in Gestalt der Überforderung des Planeten Erde sicht- und spürbar wird.

Gerade die globale Konfrontation zwischen den beiden Großmächten der Gegenwart schafft alles andere als positive politische Voraussetzungen in der internationalen Politik für die anstehende Transformation hin zu einer planetarischen Verantwortungsgemeinschaft. Hinzu kommt: Weiteres Wachstum an Konsum und Macht, das es angesichts der großen materiellen Ungleichheit zwischen dem globalen Norden und Süden mit Sicherheit und angesichts des Wachstums der Menschheit geben wird, wird zu der eskalierenden Überforderung der großen Systeme des Planeten und seiner Ressourcen weiter beitragen, selbst wenn man technische Innovationen und systemische Durchbrüche wie den Übergang zu einer Kreislaufwirtschaft und große Fortschritte bei der Dekarbonisierung der großen Industriegesellschaften gegenrechnet.

Die beiden global führenden Weltmächte, die USA und China, gleichen sich nicht nur in ihrem globalen Machtanspruch und ihren Machtpotenzialen, sondern auch in Forschung, Technik und Wissenschaft. Beide verfügen über die größten und global wichtigsten Volkswirtschaften in unserer Zeit und gehören zugleich weltweit zu den größten Emittenten von klimagefährdenden Treibhausgasen. Ihre gemeinsame, auf Zusammenarbeit und nicht auf Konfrontation beruhende Anstrengung wird angesichts der

Klimakrise und des von ihr ausgelösten Zeitdrucks unverzichtbar sein, wenn die notwendige planetarische Transformation gelingen soll. Wird diese aber nicht gelingen, dann droht ein großes und hochgefährliches politisches Chaos, das zu einem »Titanic-Effekt« führen kann. Die Menschen in ihren unterschiedlichen Gesellschaften werden sich dann um freie Plätze in Rettungsbooten prügeln, die tatsächlich keine Rettungsboote sind.

Worum geht es bei der aktuellen Auseinandersetzung zwischen den beiden politischen, wirtschaftlichen, technologischen und militärischen Giganten des 21. Jahrhunderts? Es gibt tiefgreifende ideologische Differenzen zwischen den beiden Großmächten – autoritäre Einparteienherrschaft versus rechtsstaatlich verfasste Demokratie an erster Stelle. Diese seit dem Sieg der Kommunisten im chinesischen Bürgerkrieg und der Gründung der Volksrepublik China im Jahr 1949 bestehenden grundsätzlichen Unterschiede haben aber in der Vergangenheit, vor allem seit der letzten Jahrtausendwende, beide Großmächte nicht davon abgehalten, auf internationaler Ebene zusammenzuarbeiten. Man übertreibt daher nicht, wenn man behauptet, der Westen, vorneweg die USA, aber auch Europa, haben den Aufstieg Chinas zu einer Supermacht im 21. Jahrhundert massiv gefördert, nicht aus Selbstlosigkeit, sondern weil dies über Jahrzehnte hinweg traumhafte Renditen versprochen hat. Allerdings hatte man die strategischen Absichten der Führung der KP Chinas, in diesem Jahrhundert die global dominierende Supermacht zu werden und Amerikas Rolle einzunehmen, schlicht nicht wahrgenommen oder, so man sie sah, in gnadenloser Selbstüberschätzung im Westen munter ignoriert.

Die USA haben durch die Öffnung ihres Marktes unter Einschluss ihres gewaltigen Finanzmarktes inklusive der Verlagerung großer Teile ihrer Industrie in das Reich der Mitte und großer privater Investoren ganz entscheidend den wirtschaftlichen und damit auch in der Konsequenz den machtpolitischen Aufstieg Chinas gefördert. Das China seit Deng Xiaoping hat diese Unterstützung nur zu gerne akzeptiert und sich an dem großen Vorbild, der Supermacht USA, damals der unbestrittenen Nummer 1 der Staatenhierarchie, orientiert. Heute wissen wir, der chinesische Kommunismus war erfolgreich und konnte dem Schicksal der sowjetischen und anderer KPs entgehen, weil er das westlich-amerikanische Modell des Konsumkapitalismus nebst seiner starken Kapitalmarktabhängigkeit übernommen hat und dessen Integration in das chinesische staatswirtschaftliche Modell erfolgreich betrieb.

Ostasien ist auf dem Hintergrund dieser Entwicklung in der Welt der Gegenwart eine der gefährlichsten Regionen, in der Rivalitäten sehr schnell in heiße Konflikte mit nuklearer Aufladung eskalieren können. Denn dort ballen sich die Ambitionen weiterer aufsteigender und ehrgeiziger Mächte, mit den bis heute ungelösten Restanten des Kalten Krieges wie der geteilten koreanischen Halbinsel und Taiwan, zusammen. Zudem treffen dort die geopolitischen Interessen der großen Nuklearmächte, der USA, Chinas und Russlands aufeinander. Hinzu kommen mittlere Mächte in der Region wie Japan, Südkorea und Nordkorea, das mittlerweile zur Nuklearmacht wurde. Die beiden Ersteren halten sich gleichwohl die nukleare Option offen, soweit dies der Atomwaffensperrvertrag erlaubt.

Ostasien ist nicht nur das neue Wirtschaftszentrum der Welt, es ist darüber hinaus politisch höchst instabil, nuklear aufgeladen und überwölbt von der US-amerikanisch-chinesischen Rivalität und den hegemonialen Absichten des Aufsteigers China mit seinen Gebietsansprüchen auf Taiwan und im südchinesischen Meer.

Worum aber geht es im Kern bei dem aktuellen Konflikt zwischen den beiden führenden Weltmächten? Es existieren zwischen den beiden Supermächten die schon erwähnten zahlreichen materiellen, auch gefährlichen territorialen Interessenwidersprüche (das Südchinesische Meer und, am gefährlichsten, die Taiwanfrage) und auch ideologische Differenzen. Trotzdem haben diese nicht die Dimension, die einen großen globalen Konflikt rechtfertigen würden. Im Kern der sino-amerikanischen Konfrontation geht es vielmehr wieder einmal um Prestigefragen, um die gute alte Hegemonialfrage also, an der sich vor allem Deutschland im 20. Jahrhundert als weltpolitisch ernst zu nehmende Macht ruiniert hat. Wieder lautet die Frage: Wer wird die Nummer eins in der Staatenordnung des 21. Jahrhunderts sein? Der heutige Inhaber dieser Position, die USA, oder aber der Aufsteiger China?

Im 21. Jahrhundert aber wird eben die Hegemonialfrage angesichts der nur noch gemeinsam zu bewältigenden planetarischen Herausforderungen immer absurder, zumal die Menschheit seit dem Durchschreiten der nuklearen Pforte weiß, dass ein Krieg zur Entscheidung dieser Frage in einem Nuklearkrieg enden würde, der mit Gewissheit zur kollektiven Selbstzerstörung führen und keinen Sieger, sondern nur noch tote Besiegte kennen würde.

Globale Politik findet nicht in der Form olympischer Spiele statt, bei denen es darum geht, wer ganz oben auf dem Siegertreppchen steht. Dazu sind die zu verhandelnden Fragen viel zu ernst und gefährlich. Betrachtet man die aktuellen Spannungen zwischen den USA und China, so kann man sich des Eindrucks nicht erwehren, dass dieser Konflikt, zumindest in den Köpfen der Mächtigen auf beiden Seiten, aus dem Vorgestern datiert, direkt in die Vergangenheit des 20. Jahrhunderts zurückführt und nichts mehr zur Lösung der drängendsten Zukunftsfrage im 21. Jahrhundert beizutragen hat.

Noch vor nicht allzu langer Zeit hatte die Frage, wie viel Zeit der Menschheit eigentlich noch vor dem Erreichen irreversibler klimatischer Kipppunkte[11] verbleibe, allerhöchstens wissenschaftliche Experten oder wenige engagierte Umweltschützer interessiert, nicht aber die große Politik. In der Gegenwart ist das spürbar anders geworden, auch wenn die tatsächliche Wende in der Klimapolitik bisher noch nicht eingetreten ist, sondern sich nach wie vor überwiegend auf Rhetorik, auf Zusagen und nicht verpflichtende Versprechungen beschränkt. Wo es darüber hinaus erste praktische Schritte zur Bekämpfung der Klimakrise gibt, sind diese viel zu langsam, werden zu halbherzig angegangen.

Der Grund: Die Mehrzahl der Staaten, angeführt von den entwickeltsten und reichsten Industrienationen des globalen Nordens, den Hauptverursachern der Klimakrise, und den größten und wichtigsten Schwellenländern Asiens (China und Indien, gemeinsam etwas weniger als 3 Mrd. Menschen) fürchten die politischen Risiken einer verbindlichen, energischen Klimaschutzpolitik und hält deshalb weiter lieber am Status quo fest. Man kennt zwar in den Regierungen mittlerweile die Fakten nur zu gut, akzeptiert sie sogar – die Führungen dieser reichsten und wichtigsten Staaten wollen ja die Wirtschaft und den Konsum in Richtung Kohlenstoffneutralität verändern –, aber bitte nicht so schnell. Noch glaubt man, Zeit zu haben, die man tatsächlich aber nicht hat. Diese Hoffnung wird sich als Illusion erweisen, die Auswirkungen der Erderwärmung hängen nicht von solchen politischen Entscheidungen ab, sondern von der objektiven Gesetzmäßigkeit der großen Systeme des Planeten, die etwa den Temperaturanstieg des globalen Klimas bestimmen.

Die einen, im Westen, wollen ihren Reichtum und ihre globale Dominanz verteidigen, und die anderen, die Schwellenländer, wollen um jeden Preis aufholen und in diesem Jahrhundert eine Neuverteilung von Macht und Wohlstand zu ihren Gunsten erreichen. Hendrik Ankenbrand schreibt über die VR China in der FAZ: »Nachdem Xi im September vergangenen Jahres gelobt hatte, China werde bis 2060 die Kohlenstoffemissionen auf null senken, erhielt er viel Beifall. In China selbst blühte eine Debatte über die dringend notwendige Energiewende auf. Seit Beginn des Jahres geben jedoch wieder die Lobbyisten der Kohleenergie den Ton an. Angesichts der dramatischsten Energieknappheit seit zehn Jahren und der ungewissen Zukunft, der Chinas Wirtschaft entgegensteuere, komme eine rasche Abkehr vom billigen Kohlestrom einem Selbstmord gleich, heißt es nun. Im Politbüro gab Xi Jinping am 30. Juli dem Widerstand aus den energiehungrigen Staatskonzernen und den um das Wachstum besorgten Provinzregierungen nach [...] Im autoritär regierten China ist Klimaschutz eine Frage der Machtpolitik [...] Verschärfte China seine Klimaziele, könnte das die Bevölkerung als Einknicken vor dem amerikanischen Erzfeind deuten, der laut Propaganda den Aufstieg des Landes an die Weltspitze verhindern will.«[12]

Beide Ziele werden aber angesichts der galoppierenden Klimakrise nicht erreichbar sein, weder die Bewahrung des Status quo noch dessen Revision, weil die Klimakrise im 21. Jahrhundert alles andere überlagern wird. Und so ängstigen sich beide Supermächte vor den politischen Konsequenzen für den Fall, dass sie die Klimakrise mit der notwendigen Dringlichkeit anpacken. Die Gefahr der politischen und sozialen Destabilisierung oder auch nur den Machtverlust fürchten die Regierenden in den westlichen Demokratien genauso wie in autoritären Diktaturen, und diese Angst um den Machterhalt macht die große Transformation politisch noch sehr viel komplizierter.

Zugleich haben die USA mit ihrem Rückzug aus dem Pariser Klimaprotokoll unter der Präsidentschaft Donald Trumps und ihrem Wiedereintritt unter seinem Nachfolger, Präsident Joe Biden, gezeigt, wie unverzichtbar die internationale Führung durch die dominierenden Großmächte mit ihrem gewaltigen Wirtschaftspotenzial, ihrer Technologie und ihren großen Bevölkerungen und Binnenmärkten im Kampf gegen die Klimakrise tatsächlich ist. Umso negativer werden sich die Folgen einer anhaltenden oder gar eskalierenden Konfrontation zwischen den beiden globalen Großmächten für den Übergang zu einer planetarischen Verantwortungsgemeinschaft auswirken.

Es wäre daher ein entscheidender politischer Beitrag zum Klimaschutz, wenn es gelänge, die Rivalität zwischen den beiden Großmächten zurückzudrängen und durch Zusammenarbeit und Vertrauen zu ersetzen, wonach es gegenwärtig aber leider nicht aussieht.

China wird dank des Fleißes seiner Bevölkerung und dank des Talents seiner Forscher, seiner Finanzkraft und seines riesigen Binnenmarktes seinen Weg zu einer der beiden global führenden Großmächte des 21. Jahrhunderts gehen. Es ist zu groß und zu erfolgreich, um daran von außen noch gehindert werden zu können. Es kann sich dabei nur selbst im Wege stehen, was gegenwärtig angesichts des mehr und mehr um sich greifenden »Neo-Maoismus« unter Xi Jinping in Peking aber durchaus auch eine realistische Möglichkeit ist.

»Führende Großmacht« hieße eben im 21. Jahrhundert etwas anderes als in der Geschichte zuvor, Führungsfähigkeit müsste sich in dem Übergang zur planetarischen Verantwortung angesichts der Klimakrise zu beweisen haben, nicht mehr in der traditionellen Machtpolitik. Es geht primär nicht mehr um auf Gewalt gestützte Macht oder um ein möglichst großes Waffenarsenal und Territorium. Es wird vor allem auf Wissenschaft und Technologie ankommen, auf die Fähigkeit, technologische Lösungen für die Klimakrise zu entwickeln und anzuwenden. Militärische Stärke hängt zwar ebenfalls von modernster Technologie und Wissenschaft ab und wird noch lange Zeit von großer Bedeutung bleiben, aber angesichts des Übergangs zur planetarischen Verantwortung und des Zwangs, der aus der Zuspitzung der Klimakrise entsteht, wird sie sukzessive an Bedeutung verlieren.

Das Schicksal Russlands weist bereits heute auf diese heraufziehende Veränderung der Macht im 21. Jahrhundert hin. Käme es immer noch vor allem auf das Arsenal an Atomwaffen und auf die Größe des Territoriums an, die eine Supermacht im 21. Jahrhundert ausmacht, so wäre Russland heute noch uneingeschränkt als eine solche zu bezeichnen. Jedoch: Militärisches Potenzial und territoriale Größe waren entscheidende Kategorien der Definition von Macht im 19. Jahrhundert. Im 21. Jahrhundert hingegen zählt an erster Stelle Technologie. Im technologischen Wettbewerb kann Russland aber weder mit China noch mit den USA oder der EU mithalten. Darin besteht Wladimir Putins historischer Grundirrtum bei der Entwicklung seines Landes.

Es spricht daher vieles für die Annahme, dass die USA die letzte traditionelle Weltmacht waren und sind (sorry, China!), hervorgegangen und aufgestiegen als Sieger in den beiden großen Weltkriegen des 20. Jahrhunderts und im Kalten Krieg mit der Sowjetunion. Diese war zwar ebenfalls die große Siegerin des Zweiten Weltkriegs, konnte diesen Triumph allerdings bis auf den heutigen Tag nicht dauerhaft umsetzen, auch nicht in Gestalt ihrer Nachfolgerin, der Russischen Föderation unter Putin.

Die Dominanz der USA reicht aber zugleich in die Zeit der planetarischen Transformation hinein, und die letzte verbliebene Supermacht des zwanzigsten Jahrhunderts wird sich aus diesem Grund selbst transformieren müssen, wenn das Land diesen Status erhalten will. Entweder werden die USA in Richtung der Erneuerung ihres Führungsanspruchs unter den neuen Bedingungen der planetarischen Transformation gehen, oder sie werden sich, wie unter Trump bereits geschehen, vielleicht nach dessen Revival im Jahr 2024 erneut in einen engstirnigen, nationalistischen Isolationismus versuchen einzuschließen, geschützt durch zwei große Ozeane. In einen Schutz, der angesichts der Klimakrise von gestern ist.

Die Folgen eines solchen Schritts der USA wären für unsere Welt fatal. Denn eine globale Nummer eins mit ihrem gewaltigen Potenzial und ihrer ökonomischen und technologischen Dynamik, die sich bewusst vom Rest der Welt abwendete und ihre Führungsaufgabe bei der Bekämpfung der Klimakrise verweigerte, würde dadurch ein brandgefährliches Vakuum, ein großes Chaos in der internationalen Ordnung auslösen. In den vier Jahren der Präsidentschaft Trump war diese Konsequenz schon zu ahnen.

Es wäre jedoch auf der anderen Seite ebenso illusionär, davon auszugehen, dass die USA jemals bereit wären, freiwillig von ihrer Rolle als globale Nummer eins abzutreten und China diesen Platz einzuräumen.

Genauso wenig wird China seinen Anspruch aufgeben, die volle Gleichberechtigung als Supermacht im 21. Jahrhundert durchzusetzen. Die Alternative, die sich aus dieser Antinomie ergibt, heißt dann entweder Krieg oder vertrauensvolle Zusammenarbeit der beiden Großen.

Warum also setzen beide Seiten nicht auf einen Modus Vivendi, auf Ausgleich, auf Entspannung unter Einschluss von Rüstungskontrolle und Abrüstung? Auf gemeinsame Führung bei der planetaren Transformation? Weil beide Seiten in ihrem Denken immer noch überwiegend von den Prioritäten der machtpolitischen Agenda der Vergangenheit bestimmt werden.

Als gefährlichste Frage zwischen den USA und China gilt gegenwärtig die Taiwanfrage. Warum eigentlich? Die übergroße Mehrheit der Staaten unter Einschluss der USA unterhält Beziehungen zu Peking und nicht zu Taipeh, folgt also tatsächlich der Ein-China-Politik Pekings (mit dem mehr oder weniger stillschweigenden Vorbehalt, dass es zu keiner kriegerischen Wiedervereinigung, zu keinem bewaffneten Angriff auf die Insel seitens Pekings kommt) und denkt nicht daran, eine völkerrechtliche Unabhängigkeit der Insel von China zu unterstützen. Peking könnte mit seinem anhaltenden Säbelrasseln allerdings diese mehrheitliche internationale Sichtweise auf Taiwan in ihr Gegenteil verkehren.

Seit dem Sieg der Kommunisten über die Nationalisten im chinesischen Bürgerkrieg 1949 gingen alle Seiten, selbst die Nationalisten in Taiwan, immer von der Fiktion aus, dass es nur ein China gibt, auch der Westen, angeführt von den USA. Eine Wende bedeutete, dass die US-Regierung 1979 mit der diplomatischen Anerkennung Pekings die Ein-China-Politik der VR China anerkannte. Fortan übernahm konsequenterweise die VR China mit Billigung der USA den ständigen Sitz im Sicherheitsrat der VN. Wird die Politik Pekings in der Taiwanfrage vor allem durch innenpolitisch motiviertes Prestigedenken bestimmt? Warum sollte sich ansonsten auf der Grundlage des Status quo und eines gegenseitigen Gewaltverzichts diese Frage nicht entschärfen lassen?

Dasselbe gilt für Abrüstungs- und Rüstungkontrollgespräche zwischen Washington und Peking, gerade auch im konventionellen Bereich. Selbst die konventionelle gegenseitige Aufrüstung, bei der es China vor allem um die Unterbindung der Zugangsmöglichkeiten zu der Insel Taiwan seitens der US Navy im Konfliktfall geht, müsste sich durch Verhandlungen lösen lassen. Bei aller Bedeutung, die die Taiwanfrage für die Beteiligten auch haben mag, ist diese im Verhältnis zu der planetarischen Herausforderung der Klimakrise gering. Die beiden Großmächte sollten die zerrinnende Zeit nicht mit

Flottendemonstrationen und gegenseitigem Säbelrasseln vertun.

Welche Rolle kann Europa, die EU, angesichts dieser historischen Herausforderung spielen? Ich meine, wie Bruno Latour, eine überaus wichtige: »Nun ergreift Europa also erneut den Faden seiner Geschichte. Es wollte die Welt in Gänze sein. Es hat einen ersten Selbstmordversuch unternommen. Dann einen zweiten. Fast wären beide gelungen. Dann glaubte es, der Geschichte entkommen zu können, indem es unter dem Schirm Amerikas Schutz suchte. Dieser gleichermaßen moralische wie atomare Schirm wurde zusammengefaltet. Jetzt steht Europa allein und schutzlos da. Dies ist genau der Augenblick, wieder in die Geschichte einzutreten, ohne sich einzubilden, sie zu beherrschen. ... Die ERDE, die Europa als GLOBUS ergreifen wollte, bietet sich ihm erneut als das TERRESTRISCHE an, dank einer zweiten Chance, die Europa eigentlich nicht verdient hat. Sie passt gut zu dieser Weltregion, die für die Geschichte der ökologischen Entfesselung schließlich am meisten verantwortlich ist.«[13]

Zuerst, die EU ist keine globale Großmacht, sondern ein Staatenverbund von siebenundzwanzig kleinen und mittelgroßen souveränen Mitgliedstaaten, die durch eigene, freie Entscheidung einer gemeinsamen Rechts- und Friedensordnung beigetreten sind.

Die EU verfügt kaum über traditionelle machtpolitische Stärke, ihre Möglichkeiten liegen vor allem in ihrem gemeinsamen Markt, in ihrem Reichtum, ihren Institutionen, in Technologie und Forschung, ihren Wissenschaftsinstitutionen und der gemeinsamen Rechtsordnung. In der Realität der traditionellen Sicherheitspolitik ist die EU nach wie vor abhängig von der Sicherheitsgarantie der USA mittels der Nato, wenn auch die Glaubwürdigkeit dieser Garantie immer mehr zu wackeln beginnt, was gerade angesichts des europäischen Nachbarn Russland und der Risiken und Gefahren im östlichen Mittelmeer ein großes Sicherheitsproblem für die EU-Europäer aufwirft.

Europa muss also in der Zeit einer sich zuspitzenden Klimakrise zugleich auch sein drängendes Sicherheitsproblem angehen, das sich durch die abnehmende Glaubwürdigkeit der amerikanischen Sicherheitsgarantie und die zunehmende Aggressivität seines großen Nachbarn Russland und die Ambitionen der Türkei im östlichen Mittelmeer zugespitzt hat. Hinzu kommen noch die weltpolitischen Risiken im sino-amerikanischen Verhältnis, in Nahost die nuklearen Risiken, vor allem ausgelöst durch den Iran. All diese Konflikte und Krisen werden Europas Sicherheit bedrohen und können von den Europäern nicht ignoriert werden.

Vor diesem Hintergrund wird sich Deutschland sein militärisches Verweigerungsverhalten in Zukunft nicht mehr erlauben können, weil es angesichts der Unsicherheiten über die amerikanische Sicherheitsgarantie und den künftigen Kurs der Supermacht nach den nächsten Präsidentschaftswahlen 2024 zum Auf- und Ausbau der europäischen Verteidigungs- und Sicherheitspolitik keine wirkliche Alternative geben wird. Die historisch verständlichen Vorbehalte gegen ein militärisch stärkeres Deutschland werden, weil es um ein militärisch stärkeres Europa geht, nicht mehr greifen, Europa wird auf einen starken deutschen Verteidigungsbeitrag nicht verzichten können.

Blickt man jedoch aus der Perspektive der neuen Herausforderungen von Pandemie und Klimakrise und der planetarischen Transformation auf die EU, dann ergibt sich ein ganz anderes Bild. Denn aus der Perspektive dieser neuen Krisen erweist sich der machtpolitisch oft hilflos wirkende Staatenverbund der EU mit seinen siebenundzwanzig Mitgliedstaaten, seinem Wissenschafts- und Forschungspotenzial, seinem Wohlstand, seinen Sozialstaaten und seinem großen Binnenmarkt durchaus als globale Großmacht, denn die EU verfügt sowohl über den politischen Willen als auch über die ökonomischen Mittel (ihr Gemeinsamer Markt liegt im globalen Vergleich hinter China und den USA auf Rang drei) und die entwickeltsten Technologien, um den Kampf gegen die Klimakrise ernsthaft aufzunehmen. In dieser Menschheitsfrage können sich die Europäer durchaus als führend bezeichnen und sollten alles unternehmen, um diese Position zu halten und weiter auszubauen.

Zudem verfügt die EU als Staatenverbund über eine reiche Erfahrung in der Zusammenarbeit souveräner Mitgliedstaaten und im Interessenausgleich zwischen ihnen, eine Erfahrung, die gerade in der Zeit der planetarischen Transformation sich als notwendig erweisen wird.

Die EU wird aufgrund ihrer inneren Verfasstheit als Staatenverbund und ihrer historisch bedingten Widersprüche zwischen ihren einzelnen Mitgliedstaaten niemals machtpolitisch zu den beiden ganz großen Weltmächten aufschließen können. Sie wird aber gut beraten sein, ihre sichtbaren Stärken jenseits der tradierten Machtpolitik bei Wahrung ihrer Sicherheit für eine Führungsrolle bei der planetarischen Transformation zu nutzen. Denn dort kann sie wirklich einen oder vielleicht sogar *den* Unterschied ausmachen, auch und gerade als Kraft der Vernunft jenseits allen veralteten Prestigedenkens bei den beiden Supermächten des 21. Jahrhunderts.

Gerade deshalb muss Europa auch in der klassischen, überwiegend machtgestützten Außenpolitik stärker werden und sich diplomatisch einmischen – als Teil seiner zukunftsorientierten Klimaschutzpolitik, nicht als Rückkehr zu einer überkommenen Machtpolitik. Dabei muss es alles versuchen, die Konfrontation zwischen den USA und China zu verringern oder zu helfen, diese abzubauen. Politisch-strategisches Denken seitens der Europäer muss dabei zukünftig vor lediglich wirtschaftlichen Erwägungen stehen, um diese planetare Verantwortungsgemeinschaft durchzusetzen.

China verfolgt unter seinem Präsidenten Xi Jinping sein zentrales außenpolitisches Projekt, die sogenannte »Neue Seidenstraße«, an erster Stelle nicht wegen wirtschaftlicher, sondern vor allem wegen globalstrategischer Ziele. Die wirtschaftlichen Investitionen sind lediglich das Mittel zum Zweck, der darin besteht, jene uralte geopolitische Hauptachse des eurasischen Superkontinents zwischen China und dem Herzen Europas unter chinesischer Vorherrschaft wieder zu eröffnen und damit die Seemacht USA aus der Neugestaltung dieser eurasischen Hauptachse geopolitisch zurückzudrängen oder gar ganz herauszuhalten.

Europa muss klar werden, dass es China bei dem Seidenstraßenprojekt zuerst und vor allem um eine neue geopolitische Abhängigkeit Europas von China im 21. Jahrhundert geht, um einen Wechsel Europas weg vom nordatlantischen Raum hin zur eurasischen Hauptachse. Eine solche Verlagerung liegt aber nicht im Interesse Europas, auch wenn China als wirtschaftlicher Faktor für den alten Kontinent immer bedeutender wird. Aber was die Grundwerte der EU betrifft, ihre geopolitische Verankerung und ihre Sicherheit, so bleibt die EU existenziell auf den Nordatlantik angewiesen, denn allein normativ und auch kulturell sind sich die USA und Europa einfach sehr viel näher als der Gigant im fernen Osten.

Gerade aus seiner geopolitischen Mittelposition heraus und aufgrund seiner Handelsinteressen kann Europa aber keinerlei Interesse an einer drohenden Konfrontation der beiden Giganten haben. Das Gefährliche an dem raunenden Gerede von einem neuen Kalten Krieg im 21. Jahrhundert ist, dass dadurch die Konfrontation zwischen den beiden Supermächten verschärft und nicht reduziert wird. Europa darf dabei nicht tatenlos zuschauen oder gar einem konfrontativen Kurs folgen, denn es geht zu Beginn des Zeitalters der planetaren Transformation um zu viel für die Menschheit. Eine erneute vierzigjährige Auszeit, nur diesmal mit einem mehr als ungewissen Ausgang für den Westen – so lange hat der letzte Kalte Krieg im 20. Jahrhundert gedauert –, kann sich die Menschheit der Gegenwart angesichts der planetaren Bedrohung nicht erlauben.

Heißt das, das autoritäre System Chinas mit seiner Unterdrückung von Minderheiten- und Menschenrechten zu akzeptieren? Mitnichten, aber Wunschdenken darf die Erkenntnis der Realitäten nicht verdrängen. Der Westen wird das chinesische System nicht durch Druck von außen in seine Richtung ändern können. Was es zu akzeptieren gilt, ist, dass es global mindestens zwei, wenn nicht auf längere Sicht sogar mehr politisch und normativ sehr unterschiedliche Systeme geben wird, die jedoch durch die Klimakrise zur Zusammenarbeit gezwungen werden, zu einer Zusammenarbeit trotz aller Unterschiede.

Dabei wird auch eine Politik nicht helfen, die erklärt, bei dem Kampf gegen die Klimakrise die Zusammenarbeit zu suchen, überall dort aber, wo es ernsthafte Macht- und Interessendifferenzen gibt, voll in Richtung Konfrontation zu gehen. Im kalten Licht der Realität kann dies nicht funktionieren, denn eine solche Vorgehensweise schafft nicht Vertrauen, sondern wird es im Gegenteil weiter zerstören. Und Vertrauen, sehr viel Vertrauen unter allen Akteuren wird bei der planetaren Transformation vonnöten sein.

Wer andererseits meint, dies sei vor allem in Richtung Peking gesagt, er könne seine traditionellen machtpolitischen Ziele in neuem Rahmen, gewissermaßen durch die Hintertür, weiterverfolgen, der wird sich täuschen, denn ein solches Doppelspiel bliebe nicht unbemerkt und hätte konfrontative Konsequenzen.

In den internationalen Beziehungen steht also, im Gefolge der Klimakrise, eine grundsätzliche Neuausrichtung der globalen Agenda an, der Begriff der »Menschheit« ist spätestens mit der Pandemie zu einer operativen Kategorie von Politik geworden. Ein Beispiel: Mindestens 8 Milliarden (8 000 000 000) Impfdosen werden zu einer wirksamen Bekämpfung des Covid-19-Virus weltweit notwendig sein und verimpft werden müssen. Wer kann diese Zahl an Impfdosen herstellen, wer verteilen und verimpfen? Und wer bezahlt das alles? Die globale pandemische Bedrohung der gesamten Menschheit macht eine kooperative Anstrengung unverzichtbar, am besten unter dem Dach der Vereinten Nationen und ihrer Unterorganisation, der Weltgesundheitsorganisation (WHO), überwiegend finanziert von den reichen Staaten des globalen Nordens.

Der überkommene Staatenegoismus ist neben der Klimapolitik auch in der Pandemie an seine Grenzen gekommen. Jenseits aller humanitären Argumente gilt: Wenn weite Regionen der Erde wegen Armut und Unterentwicklung nicht oder nicht ausreichend geimpft werden, so können sich diese zu Brutstätten neuer, noch gefährlicherer Mutationen des Virus entwickeln, die über kurz oder lang auch die Bevölkerungen der reicheren Länder infizieren werden.[14] Die Klimakrise geht in ihren Konsequenzen weit über diese Bedrohung hinaus, weil sie, anders als Covid-19, nicht nur die Existenz von Millionen Individuen und deren Lebensstil bedroht, sondern die Existenzgrundlagen der gesamten Gattung.

PLANETARE VERANTWORTUNG UND DIE DIGITALE VERMESSUNG DER WELT

Wir sind gut beraten, die Schrift an der Wand – die Covid-19-Pandemie – ernst zu nehmen, sehr ernst sogar, und zu versuchen, daraus die richtigen Schlüsse für die Zukunft zu ziehen. Covid-19 ist gleichermaßen eine abstrakte wie konkrete Gefahr: ein nicht sichtbares Virus, das man mit menschlichen Sinnesorganen nicht wahrnehmen kann und das zugleich hochansteckend und in vielen Fällen auch tödlich ist. Kaum jemand in der globalen Politik hat dieses allzeit drohende, bekannte Risiko aus der nicht sichtbaren Welt der Viren in der Vergangenheit ernst genommen, obgleich es seit der Jahrtausendwende zu einer ganzen Reihe von Infektionsausbrüchen mit sogenannten Retroviren gekommen war. »Das betrifft Ostasien oder Afrika, aber doch nicht den modernen, entwickelten Westen«, lautete das weitverbreitete westliche Vorurteil bis in die Regierungsspitzen hinein.

Die Bekämpfung der Pandemie erfolgt politisch

auf der Grundlage des Rates von Experten, Virologen und Ärzten, das Wissen über das Virus und seine Übertragungswege kommt von den Experten der Wissenschaft. Seit dem Ausbruch der Pandemie haben wir uns an die mediale Präsenz von virologischen Experten und deren Rat und Einschätzungen gewöhnt, ebenso an politische Entscheidungen der Regierung, die auf genau diesem Expertenrat gründen und das Leben der Bevölkerung und der gesamten Wirtschaft drastisch regulieren bis hin zu flächendeckenden Schließungen ganzer Wirtschaftszweige über viele Monate hinweg und schweren Grundrechtseinschränkungen für die Bürgerinnen und Bürger. Die politische Entscheidungsgrundlage wird jenseits der Alltagserfahrung erstellt (wenn man von den sichtbaren Folgen hoher Sterberaten mit überfüllten Friedhöfen und übervollen Intensivstationen in den Krankenhäusern absieht), sie ist abstrakt geworden. Ohne den Rat wissenschaftlicher Experten wären die politischen Entscheidungsträger blind, denn nur sie verstehen die Welt der Viren und Mikroben. In der Pandemie hat die wissenschaftliche Expertise für die Regierung und ihre politischen Entscheidungen eine bedeutende Aufwertung erfahren.

Den gleichen Effekt erleben wir, nur sehr viel stärker, bei der Bekämpfung der Klimakatastrophe. Die

Wissenschaft ist auch dort der unverzichtbare Ratgeber für die politischen Entscheidungen von Regierungen und Parlamenten, auch wenn unmittelbare Katastrophenerfahrungen und ihre mediale Verarbeitung für die breite Öffentlichkeit nach wie vor eine wichtige Rolle spielen: im Sommer 2021 Überschwemmungen und außergewöhnlicher Starkregen westlich des Rheins[15] mit – zumindest für Deutschland – ungewöhnlich hohen Zahlen an Menschenverlusten, Überschwemmungen in China am Gelben Fluss, eine außergewöhnliche Hitzewelle und verheerende Waldbrände im Süden Europas mit dem Schwerpunkt im östlichen Mittelmeer (Griechenland und die Türkei), das Gleiche im Nordwesten der USA und im Südwesten Kanadas, ebenfalls mit außergewöhnlich hohen und lang anhaltenden Temperaturhöchstständen, Trockenheit und Feuern und mit erheblichen Opferzahlen, ebenso verheerende Waldbrände in riesigen Gebieten im Nordosten Sibiriens. Dazu kamen Berichte von einem erlahmenden Jetstream und über einen sich dramatisch abschwächenden Golfstrom im Atlantik, der für das Klima Nordwesteuropas entscheidenden Wärmepumpe. Dem für die globalen Meeresströmungen wichtigen Austausch von Kalt- und Warmwasser vor Grönland droht der Kollaps, bedingt durch das rapide abschmelzende Inlandeis Grönlands und die temperaturbedingten Vorgänge in den Ozeanen rund um die Antarktis, die drohenden Verluste von Schelfeis- und Gletscherbarrieren, die die Stabilität des arktischen Inlandeises bis dato garantierten. Ohne ihre wissenschaftliche Übersetzung und Interpretation lassen sich diese komplexen, hochgradig vernetzten globalen Prozesse kaum lesen und politisch einordnen, geschweige denn die notwendigen Konsequenzen daraus ziehen.

Die politischen Entscheidungsprozesse werden, bedingt durch die Klimakrise, mehr und mehr verwissenschaftlicht und in der politischen Kommunikation in den offenen westlichen Demokratien immer abstrakter oder, auf der erlebbaren Ebene das gerade Gegenteil, immer katastrophischer.

Die Wissenschaft braucht Daten, sehr viele Daten, auch von den entlegensten Orten, am besten in Echtzeit, um zu verstehen, was sich in den entscheidenden Ökosystemen der Biosphäre tut und was und wie viel sie durch ihre Veränderung zur Erderwärmung oder gar zu extremen Lagen mit katastrophischen Folgen in von Menschen besiedelten Gebieten beitragen.

Mit der Kontrolle der menschengemachten Klimakrise und der Notwendigkeit zur planetaren Verantwortungsübernahme durch den Homo sapiens scheint die digitale Revolution endgültig zu einer Überlebensnotwendigkeit geworden zu sein und ihren Sinn bekommen zu haben, der sich bisher in den sozialen Netzwerken trotz aller vollmundiger Versprechungen, »die Welt zu einem besseren Platz zu machen«, nicht gefunden hat. Ohne die digitale Datenerfassung und -verarbeitung auch mittels der neuen Technologien von künstlicher Intelligenz (KI), maschinellen Lernens und Quantencomputern wird diese globale Herausforderung mit ihren äußerst komplizierten Modellrechnungen für realistische Prognosen und die Überwachung der entscheidenden lebenswichtigen Systeme des Planeten nicht zu lösen sein.

Eine umfassende Datenerfassung über den Zustand des Planeten, sehr viel umfassender und präziser noch, als wir sie heute schon kennen, wird zum entscheidenden wissenschaftlichen Werkzeug für die planetarische Verantwortungsübernahme durch die Menschheit. Und technisch nimmt diese Fähigkeit zur umfassenden Überwachung der Biosphäre dank Satelliten und Digitalisierung mit immer leistungsfähigeren Computern zu. Verantwortung setzt Wissen voraus, und dieses Wissen wird durch eine umfassende digitale und satellitengestützte Überwachung der wichtigsten Regelsysteme des Planeten Erde erst gewonnen. In den kommenden Jahren werden unter dem Druck der voranschreitenden Klimakrise immer mehr und immer präzisere Daten und damit auch ein umfassenderes und verfeinertes Wissen um die Komplexität der Zusammenhänge zwischen den großen Regelsystemen unseres Planeten generiert werden.

Die durch die Klimakrise erzwungene planetare Verantwortungsübernahme durch die Menschheit bedeutet aber in der Konsequenz, dass Politik durch die Herrschaft der Wissenschaft zumindest dramatisch verändert werden wird, weil sie jenseits der wissenschaftlichen Daten und Fakten ihre Steuerungsfähigkeit mehr und mehr einbüßen wird. Wissenschaftliche Expertise wird Parteiprogramme verdrängen oder zumindest verändern.

Diese wachsende wissenschaftliche Erkenntnis wird den Druck auf die politischen Entscheidungsträger sowohl auf nationaler als auch auf transnationaler Ebene zuerst einmal erhöhen und in Verbindung mit den durch die Klimakrise verursachten katastrophischen Ereignissen die Aufmerksamkeit einer breiteren Öffentlichkeit auf die globale Bedrohung lenken.

Menschen reagieren aber nach einer durch ihren genetischen Code mitgegebenen Prioritätenskala, die angesichts einer Gefahr am kurzfristigen Überlebensinteresse ausgerichtet ist. Das heißt aber auch: Je mehr sich eine Gefahr aufgrund ihrer Abstraktheit, Langfristigkeit und Komplexität der alltäglichen Wahrnehmbarkeit entzieht, desto mehr verliert sie in der Regel an Priorität, das Hemd sitzt uns Menschen näher am Körper als die Jacke. Und die Klimakrise bewegt sich bisher oft in der äußerst dünnen Luft wissenschaftlicher Abstraktionen. Erst und oft nur wenn die Klimakrise in unserem Alltag als Katastrophe erfahrbar wird, ändert sich dies.

Wie werden also die westlichen Demokratien auf das Voranschreiten der Klimakrise reagieren?

Im Vordergrund wird vor allem in den reicheren Industrieländern mit ihren höchsten Pro-Kopf-Verbräuchen an Energie, Wasser, Rohstoffen die Verträglichkeit ihres tradierten Lebensstils mit der weiteren Belastbarkeit des Planeten stehen müssen.

Unter dem Druck der Klimakrise werden die beiden bisher dominierenden ökonomischen Faktoren, Kosteneffizienz und Profitabilität, durch den Faktor Klimaverträglichkeit verdrängt werden. Allein dieser Transformationsprozess von einer kohlenstoffbasierten, ressourcenvergeudenden Konsumgesellschaft hin zu einer kohlenstofffreien »Net Zero«-Kreislaufwirtschaft verheißt heftige politisch-kulturelle und ökonomische Konflikte in den offenen demokratischen Gesellschaften des Westens, zumal sich hinter diesen Transformationszielen eine große globale Verteilungsfrage entlang der Einkommens-

und Entwicklungsskala verbirgt: Weder die Verschmutzungsanteile noch der Verbrauch an Energie und Rohstoffen und damit der Wohlstand sind global auch nur annähernd gleich verteilt. So haben mehr als eine Milliarde Menschen in ärmeren Ländern noch überhaupt keinen Zugang zu elektrischer Energie. Der Pro-Kopf-Verbrauch an Energie und anderen Ressourcen macht diese Kluft nur zu deutlich, wie auch der Pro-Kopf-Anteil an umwelt- und klimabelastenden Schadstoffemissionen.[16]

Unter dem Druck der eskalierenden Klimakrise werden die reichen Industrieländer nicht darum herumkommen, den ärmeren Ländern im wohlverstandenen Eigeninteresse massiv zu helfen, ihren Anteil an der planetaren Verantwortung übernehmen zu können, ohne ihren Anspruch, einen Ausweg aus der Armutsfalle zu finden, aufzugeben. Hier begegnet sich die traditionelle Verteilungsfrage entlang der Arm-Reich-Trennlinie mit jener neuen, durch die Klimakrise hervorgebrachten Verteilungsfrage entlang des Energie- und Ressourcenverbrauchs. Der globale Süden kann seinen Anspruch auf Entwicklung, und das heißt auf Industrialisierung, niemals aufgeben. Diese aber muss nachhaltig sein, auch im Interesse des reichen Nordens, der diese Entwicklung auch wird finanzieren müssen.

Entsprechend den voranschreitenden wissenschaftlichen Erkenntnissen wird unser Lebensstil dann der Anpassung bedürfen. Das schreibt sich leicht, aber tatsächlich dürfte es sich dabei politisch um die größte Herausforderung für die offenen Demokratien des Westens handeln. Unter anderem wird dies eine detaillierte digitale Vermessung der Welt zur sorgfältigen Begründung der politisch notwendigen Eingriffe als dauerhafte internationale Gemeinschaftsaufgabe voraussetzen.

Auch hier hilft ein Blick auf die politische Reaktion in den westlichen Demokratien mit ihren offenen Gesellschaften in der Pandemie. Die Covid-19-Krise hat gezeigt, dass es in den offenen Gesellschaften des Westens überall wahrnehmbare laute Minderheiten gibt, die den wissenschaftlichen Fakten über eine Impfung gegen das Virus zutiefst misstrauen und diese für sich und ihre Kinder gegen alle wissenschaftliche Evidenz ablehnen.

Hier zeichnet sich für die Zukunft eine schwere Krise der Demokratie ab. Die Herrschaft wissenschaftlicher Erkenntnis und jener, die über diese verfügen, stellt die Gleichgewichtigkeit der Stimmen, eine elementare Voraussetzung von Demokratie, infrage. Zwar unterstützen in allen westlichen Gesellschaften etwa zwei Drittel der Bevölkerung die Vorschläge von Experten und Regierungen, aber etwa ein Drittel bleibt skeptisch, verweigert sich gar aus unterschiedlichen Motiven. Diese »blocking minority« ist groß genug, um etwa wirksame Impfstrategien zu verhindern.

Es zeigt sich darin ein sich immer stärker auftuendes Legitimationsdefizit einer verwissenschaftlichten und d. h. zunehmend abstrakteren, technokratischen Politik, die sich mehr und mehr von der alltäglichen Erfahrung der Menschen ablöst. Selbst die traditionelle Feindschaft zwischen links und rechts löst sich in der Gemeinsamkeit des Glaubens an obskure Verschwörungstheorien über die finsteren Absichten von »denen da oben« in dieser Krise auf, auch das lehrt uns die Pandemie.

Wenn aber schon das Virus solche Reaktionen hervorruft, um wie viel mehr wird dies erst für den Fall regulierender Eingriffe des Staates in den gewohnten Alltag vieler Menschen zu wirksamen Maßnahmen gegen die Klimakrise gelten? Dieses Legitimationsdefizit zu schließen, wird sich als eine schwer zu meisternde Aufgabe zukünftiger Politik in den westlichen Demokratien erweisen und könnte diese durchaus an ihre Grenzen bringen. Wenn es kein gemeinsames Verständnis der Fakten mehr gibt, wird es schwer werden, ein gewaltfreies Einverständnis als Grundlage des offenen demokratischen Systems zu erhalten. Zwischen wissenschaftlich begründeter Rationalität und der neuen Irrationalität wird sich dann ein politisch fundamentaler Dissens auftun. Zwei verschiedene Wahrheiten werden dann innergesellschaftlich gegeneinanderstehen und drohen, zu einer gewaltsamen Systemkonfrontation innerhalb einer demokratischen Gesellschaft zu führen.

Man gebe sich angesichts solcher politischen Schwierigkeiten der planetarischen Transformation keinen Illusionen hin, die Wissenschaft wird die Daten und Fakten liefern und diese interpretieren. Es wird aber gerade wegen dieser Bedrohungen nach wie vor die Politik sein müssen, die dann zu entscheiden und regulierende Eingriffe zu legitimieren hat. Auch diese Erfahrung machen wir in der Pandemiekrise in Echtzeit.

In den Marktwirtschaften des Westens hat sich die Rolle von Staat und Markt in der Covid-19-Krise quasi über Nacht völlig verkehrt. Das fast an Besessenheit grenzende schrankenlose Vertrauen in die Märkte und die dazu passende Verachtung des Staates in der sogenannten neoliberalen Ära nach dem Ende des Kalten Krieges ist dahin. Wir wissen heute wieder: Der Markt kann zur Lösung planetarer Krisen beitragen, so er über die richtigen Rahmenbedingungen seitens der Politik verfügt, er kann diese aber aus sich heraus nicht selbst schaffen.

So wenig Staat wie möglich, so viel Markt, wie es nur geht – so lautete das neoliberale Credo bis zur Weltfinanzkrise im Jahr 2008. Es galt weltweit der neoliberale sogenannte »Washington-Konsensus«, der vor allem auf den Rückzug des Staates, auf Privatisierung, die Öffnung der Märkte und den freien Kapitalverkehr setzte, der nun in unserer Zeit und unter dem Druck der Klimakrise durch den »Paris-Konsensus« abgelöst wird und den Staaten eine umfassende Regulierungsverpflichtung gegenüber Wirtschaft und Bürgerinnen und Bürgern zur Reduktion von Klimagasen auferlegt, nichts anderes heißt das Pariser Klimaschutzprotokoll in seiner Konsequenz.

Was bei der Analyse der gegenwärtigen Lage andererseits sofort auffällt, ist die diesem Befund diametral entgegengesetzte Tatsache: Weite Teile der Wirtschaft, vor allem die großen multinationalen Unternehmen unter Einschluss der Finanzwirtschaft, haben sich seit der Klimaschutzvereinbarung von Paris sehr viel schneller und konsequenter auf deren absehbare Folgen und die politisch verordneten Zeitpläne eingestellt, als dies für die Politik, die ja diese Entscheidungen selbst getroffen hat, gilt. Sicherlich spielen dabei diverse nationale (oder auch europäische) politische Entscheidungen mit ihren konkreten zeitlichen Zielvorgaben und drohende Strafzahlungen für die Wirtschaft eine erhebliche Rolle. Zudem hat die Wirtschaft wesentlich geringere Schwierigkeiten, mit abstrakten Daten und Zahlen und den sich daraus ergebenden Trends umzugehen, als die breitere demokratische Öffentlichkeit.

Außerdem hat die Wirtschaft keine politische Protestbewegung von »Gelbwesten« zu befürchten, wie sie in Frankreich im Jahr 2018 wegen der beabsichtigten Preiserhöhung auf fossile Brennstoffe zur Finanzierung der Energiewende entstanden ist. Diese Bewegung brachte die Präsidentschaft Macrons fast an den Rand des Scheiterns und ist seitdem der Albtraum aller demokratisch gewählten Politiker und Parteien in Europa. Im Übrigen waren dies in Frankreich dieselben politischen Kräfte, die auch in der Covid-19-Krise versuchten, die Straße gegen die Impfmaßnahmen der Regierung zu mobilisieren. Gewiss, dies ist, folgt man den Umfragen, nur eine Minderheit, aber eine sehr lautstarke, die die extreme Rechte und auch die extreme Linke vereint.

All diese Sorgen hat die Wirtschaft nicht, was sich bei dem Versuch, eine energischere Klimaschutzpolitik anzupacken, als überaus hilfreich erweisen kann. Es zeichnet sich in der Wirtschaft sogar die Chance für einen Konsens über eine wirksame CO_2-Bepreisung ab, inklusive eines dann mit den Regeln der WTO (Welthandelsorganisation) konformen notwendigen Grenzausgleichs für Importe aus Ländern, die über keine CO_2-Bepreisung verfügen. Der CO_2-Grenzausgleich wird notwendig werden, wenn es nicht zur Verdrängung emissionsintensiver Industrien in CO_2-abgabefreie Länder und dann zu Reimporten von Produkten kommen soll.

Im politischen Rahmen hingegen wird die CO_2-Bepreisung ein heikles Unterfangen sein, denn Gesetze und Verordnungen treffen erst einmal alle gleich. Durch eine Regulierung über den Preis erreicht man zwar eine ökonomische Lenkungswirkung, es entsteht aber sofort eine Gerechtigkeitsdebatte über die soziale Ausgewogenheit einer solchen Maßnahme, auch in den Industrieländern. Diese kann zwar abgemildert werden durch die Rückführung der durch die CO_2-Bepreisung eingenommenen Mittel an Bedürftige in Form eines »Energiegeldes« oder Ähnlichem, aber ein soziales Risiko bleibt.

Wenn sich die ideologische Kontroverse beim Klimaschutz nur um die Frage drehen würde, wie viel direkte gesetzliche Regulierung oder wie viel indirekte über den Preis richtig wäre, wäre viel gewonnen, denn in dieser Frage wird sich ganz im Sinne eines energischeren Klimaschutzes ein Kompromiss allemal finden lassen. Überhaupt taugt die Klimakrise nicht zu ideologischen ordnungspolitischen Kontroversen, wie man sie gerade in Deutschland liebt, denn es kommt unter dem Diktat der immer knapper werdenden Zeit, bis irreversible Kipppunkte in der Klimakrise erreicht und überschritten werden, ausschließlich auf Ergebnisse an.

Wie die Zukunft unter diesem »Paris-Konsensus« konkret aussehen wird, darüber lassen sich aus heutiger Sicht nur Vermutungen anstellen. Wir wissen nur, dass wir uns als Menschheit den Belastungsgrenzen des Ökosystems Erde nähern oder sie gar überschreiten. Eine +1,5-Grad-Welt wird wesentlich ungemütlicher für die Menschen werden als bisher. Eine +2-Grad-Welt wird eine dramatische Verschlechterung bringen, und erst recht gilt dies für eine +3-Grad-Welt und darüber hinaus.[17]

Wir haben es bei der von Menschen gemachten Klimakrise mit einem hochgefährlichen Experiment mit unserem Planeten zu tun. Dem Diktat der Fakten werden wir dabei nicht entkommen können, wir können aus ihnen nur versuchen zu lernen und rechtzeitig die richtigen Schlüsse daraus zu ziehen. Alles andere wird sich, angesichts der harten Realitäten, in Zukunft nur als bloßes Wunschdenken erweisen.

Daher wird der Schritt der Menschheit hin zu planetarer Verantwortung die unterschiedlichen menschlichen Gesellschaften, auch die Demokratien im reichen globalen Norden, zutiefst erschüttern. Gewohnheiten müssen angepasst oder gar ganz aufgegeben, Mentalitäten verändert werden. Wilder innenpolitischer Streit um wissenschaftlich und politisch vorgegebene Regulierungsentscheidungen wird entbrennen.

Eine Minderheit wird die Gefahr nicht wahrhaben wollen, lieber den Kopf in den Sand stecken und sich in eine Welt »alternativer Fakten« zurückziehen, sich in Verschwörungstheorien flüchten und an ihrem alten Leben festhalten wollen. Wer verzichtet schon gerne? Wer teilt schon freudig? Verzicht, anders als das Versprechen von immer mehr für möglichst viele, hat sich in demokratischen Wahlkämpfen bis auf den heutigen Tag nicht als eine Gewinnerstrategie gezeigt.

Wenn diese tiefgreifenden Veränderungen noch unterfüttert werden durch die existenzielle Bedrohung des sozialen Abstiegs und des Verlustes von ganzen Industrien und der davon abhängenden Unternehmen und Arbeitsplätze, dann kann sich sehr schnell eine Situation einstellen, in der der Ruf nach Gerechtigkeit in einer immer älter werdenden Gesellschaft laut erschallen wird. Die Minderheit der Jungen würde dann gegen die Mehrheit der Alten, gegen deren Interesse am Erhalt des Status quo und an Besitzstandswahrung, stehen.

Die Alten werden dabei in den westlichen Gesellschaften die Mehrheit bilden (und bald auch in China) und versuchen, den Reichtum und die politische Macht in der Gesellschaft der Zukunft zu kontrollieren. Dieser Trend ist bereits heute in Europa und Nordamerika mit den Händen zu greifen und wird sich angesichts der Demografie in den Gesellschaften des Westens noch verstärken, denn die geburtenstarke Generation der Babyboomer schickt sich in den kommenden Jahren an, in den Ruhestand zu gehen. Und über allem könnte der beständige Vorwurf staatlicher Gängelung und Bevormundung, des Verlustes von Freiheit und Selbstbestimmung schweben. Der Protest, vielleicht sogar die Revolte, könnte sich gegen die Entmündigung durch die »nicht gewählte und von niemandem legitimierte« Expertokratie richten, gegen die Herrschaft der Technokraten und wissenschaftlichen Experten.

Es droht in diesem Fall, siehe die Erfahrung mit der Covid-19-Pandemie, ein Konflikt zwischen »Elite« und selbst ernanntem (weil eben nur eine Minderheit repräsentierenden!) »Volk«. Die offenen Gesellschaften des Westens funktionierten in der Vergangenheit, solange die politischen und wirtschaftlichen Eliten in der Lage waren, Wohlergehen und Wohlstand der Mehrheit des Volkes zu garantieren. Gelänge dies nicht mehr oder nicht mehr zureichend oder würde ein solches Versagen auch nur in den digitalen Medien und ihren zu Silos geronnenen Teilöffentlichkeiten wirkungsmächtig unterstellt werden können, so kann es zu einer Gefährdung der Demokratie als solcher kommen – siehe beispielhaft dazu Trumps Aufstieg in den USA und seine Folgen bis hin zu dem von ihm ausgelösten Sturm seiner Anhänger auf den Kongress.

So verbirgt sich hinter der Rückkehr systemischer Konkurrenzen im internationalen Staatensystem im Gefolge einer erneuerten Großmächterivalität durchaus ein rationaler Kern, wenn er auch gegenwärtig auf der falschen, der rückwärtsgewandten Seite traditioneller Machtpolitik sichtbar wird: Welches politische System wird sich angesichts der Menschheitsherausforderungen beim Klima oder bei der Pandemie als überlegen herausstellen? Ein solcher Wettbewerb bis hin zur Rivalität um die Führung im Prozess der planetaren Verantwortungsübernahme muss keineswegs schädliche Wirkungen haben, sondern könnte dann eine dringend benötigte Dynamik und produktive Konkurrenz bei der alles entscheidenden Zukunftsfrage entfesseln.

Im Moment überwiegt aber noch die Orientierung am Status quo, an der traditionellen machtpolitischen Agenda sowohl in der globalen Politik als auch in den meisten nationalen Politiken. Wer wie viele U-Boote an ein Land im fernen Pazifik verkauft, scheint auf dieser traditionellen Agenda der Machtpolitik wichtiger zu sein als die Konsequenzen aus dem jüngsten Teilbericht des Weltklimarates der Vereinten Nationen mit seinen erschütternden Erkenntnissen von dem wachsenden Zeit- und Handlungsdruck.

DIE WELT IM ÜBERGANG

Wenn die von der Staatengemeinschaft selbst ge-
steckten Klimaziele von Paris noch erreicht werden
sollen, was tatsächlich angesichts der praktischen In-
aktivität der meisten Staaten immer unwahrscheinli-
cher wird, dann werden die Vertragsstaaten des Pariser Klima-Protokolls nach diesem Sommer 2021
mit seinen Fluten und Bränden und dem jüngsten
Teilbericht der Weltklimakonferenz, der passend genau in der Mitte dieses denkwürdigen Sommers ver-
öffentlicht wurde, endlich ernst machen müssen mit
der Reduktion ihrer Treibhausgasemissionen. Dabei
wird es starker politischer Führung durch gutes Beispiel bedürfen.

Wer anders könnte hierbei schon in der Verant-
wortung sein als die reichen Industrieländer des
Nordens mit ihrem hohen Anteil an den weltweiten
Emissionen. Zudem sind diese Länder die Gewin-
ner der Industrialisierung der vergangenen hundert
Jahre, durch die sie reich und mächtig wurden.

Die planetarische Transformation wird die Unterschiede zwischen den verschiedenen politischen Kul-

turen zuspitzen: Welches politische System schafft diesen Übergang am ehesten und mit den geringsten Reibungsverlusten? Wer wird der Antriebsmotor dieser globalen Transformation sein: die auf Demokratie und Rechtsstaat beruhende westliche Kultur mit ihren offenen Gesellschaften? Und innerhalb der westlichen Kultur: die sehr stark individualistisch, staatsfern ausgerichtete US-amerikanische Variante mit ihrer hohen Flexibilität oder die mehr etatistische, sozialstaatsabgesicherte, schwerfälligere kontinentaleuropäische? Oder wird sich das auf umfassende Sozialkontrolle setzende, autoritäre chinesisch-ostasiatische Modell durchsetzen, mit seiner hybriden Mischung aus Staatswirtschaft, Markt, Konsumkapitalismus und autoritärer Einparteienherrschaft?

Was wird aus dem großen Russland mit seinen riesigen kohlenstoffbasierten Energieexporten? Was aus der islamischen Welt, ebenfalls mit ihrer hohen Abhängigkeit von Erdöl- und Erdgasexporten rund um den Persischen Golf? Was aus Indien? Brasilien? Südostasien? Was mit dem weiten Kontinent Afrika, in dem nach Prognosen der UN der größte Teil des globalen Bevölkerungswachstums im 21. Jahrhundert stattfinden wird?[18]

Wenn diese Prognosen über Afrika auch nur annähernd zutreffen, dann wird sich dieser riesige Kontinent in unserem Jahrhundert industrialisieren müssen, um nicht dauerhaft in Hunger und Chaos und den sich daraus ergebenden Konflikten zu versinken, mit unabsehbaren Konsequenzen für den ganzen Planeten und die internationale Ordnung. Die entscheidende Frage wird dabei sein, *wie* sich eine solche Industrialisierung des afrikanischen Kontinents vollziehen wird – entlang der klassischen kohlenstoffbasierten Bahnen, wodurch man weltweit den Kampf gegen die Klimakrise verlieren würde, oder auf neuen, nachhaltigen Pfaden jenseits der Kohlenstoffverbrennung.

In der Frage der Zukunft Afrikas verschränken sich Klimakrise, planetare Transformation, Entwicklung, Verteilungsfrage und Machtpolitik. In etwas abgeschwächter Form gilt dieser Befund für den globalen Süden insgesamt. Aber Afrika zeigt, dass die planetare Transformation einen fundamentalen Perspektiv- und Prioritätenwechsel in den internationalen Beziehungen notwendig macht, ergänzt durch einen Mentalitätswechsel im Innern der verschiedenen Kulturen und Gesellschaften der Menschheit. Für eine Mehrheit der Menschen im armen globalen Süden genießt die Überwindung von Armut und Rückständigkeit – und zwar: koste es, was es wolle, um auch nur annähernd zum Lebensstandard der reichen Industrieländer aufschließen zu können – nach wie vor Priorität.

Bei der planetaren Transformation geht es allerdings nicht nur um die materielle Verteilungsfrage, so wichtig diese auch immer ist, sondern mindestens so sehr um die Schaffung der kulturellen Voraussetzungen verantwortungsbewusster und kompetenter Regierungsführung oder »governance«. Die notwendige Zusammenarbeit wird vor allem auf der zwischenstaatlichen Ebene stattfinden, insbesondere zwischen den Staaten des globalen Nordens und Südens, auch zwischen regionalen Organisationen wie der EU und der AU (African Union). Allerdings wäre es kooperationsfördernd, wenn eine solche Nord-Süd-Zusammenarbeit unter dem weiten Dach der VN oder ihrer Unterorganisationen stattfinden würde, denn auf diese Weise ließen sich am ehesten auf beiden Seiten allgegenwärtiges, historisch gewachsenes Misstrauen und daraus resultierende Vorurteile neutralisieren.

Die planetare Zusammenarbeit zwischen den Staaten wird sicher nicht über Nacht Realität werden und großen Außendrucks durch das Voranschreiten der Klimakrise bedürfen, vor allem wenn es zu massiven materiellen Interessenkonflikten etwa mit herrschenden lokalen und nationalen Machtstrukturen kommt. Und selbstverständlich wird die nachhaltige finanzielle Unterstützung wie auch die Verbesserung der Regierungsführung unter der Beteiligung der VN von entscheidender Bedeutung sein. Aber die Mühe dieser globalen Anstrengung zu scheuen, ist keine ernsthafte Alternative, zumal die globale Umsteuerung von kohlenstoffhaltigen zu kohlenstofffreien Energieträgern nicht nur eine große und sehr teure Herausforderung darstellt. Sie bedeutet gerade auch für die Länder im Sonnen- und Windgürtel der Erde eine gewaltige Chance für eine nachhaltige industrielle Entwicklung vor Ort und für den Export »grüner« Energien.

Gewiss wird es in diesem Transformationsprozess auch Gewinner und Verlierer geben. Er bietet aber zugleich auch die Chance, dass sich eine völlig neue, globale Wirtschaftsgeografie entwickelt, die zu einer Überwindung der überkommenen Reichtumsverteilung zwischen dem globalen Norden und Süden führen kann.

Die traditionelle Machtpolitik wird zugunsten von Wissenschaft und Technologie in den Hintergrund treten. Erzwungen wird dies durch die verschiedenen globalen Krisen, die Krise des Weltklimas, durch erneute Virenausbrüche, das Artensterben an Land und in den Ozeanen, durch das anhaltende Wachstum der Weltbevölkerung in Richtung 11 Mrd. und die Frage nach deren Ernährung, auch durch einen verstärkten globalen Migrationsdruck.

Die westlichen Demokratien werden dabei immer häufiger mit der zentralen Frage nach der Freiheit des Einzelnen konfrontiert werden.

In der Unabhängigkeitserklärung der Vereinigten Staaten, der ältesten Demokratie der Welt, findet sich gleich zu deren Beginn, unter den von Gott gegebenen unveräußerlichen Rechten eines jeden Menschen, das entscheidende Glücksversprechen für jeden einzelnen Bürger – das Streben nach Glück gewissermaßen als ein von Gott gegebenes individuelles Menschenrecht: »Folgende Wahrheiten erachten wir als selbstverständlich: dass alle Menschen gleich geschaffen sind; dass sie von ihrem Schöpfer mit gewissen unveräußerlichen Rechten ausgestattet sind; dass dazu Leben, Freiheit und das Streben nach Glück gehören […].« Dieses unveräußerliche Recht, nach seinem individuellen Glück zu streben, bildet mit dem Recht auf Leben und auf Freiheit gewissermaßen den grundlegenden Dreisatz nicht nur der amerikanischen Demokratie, sondern der gesamten modernen westlichen Zivilisation. Diese aber war, was man seiner naturrechtlichen Begründung entnehmen kann, auf das Engste verbunden mit der Natur, ihren scheinbar offenen Räumen und all ihrer unterstellten Unbegrenztheit und Unerschöpflichkeit. Die westliche Zivilisation gründet auf einem stark individualistischen Glücksversprechen und der Freiheit jedes und jeder Einzelnen, dieses anzustreben. Was aber, wenn es am Lebensrecht und an der Erschöpfung der Ressourcen und an der von Menschen gemachten Zerstörung der Biosphäre seine Grenze findet? Wenn fortan eine drückende planetare Verantwortung und eine gefährliche Zeit des Übergangs mit weiter ansteigenden mittleren Jahrestemperaturen, mit der Rivalität der Großmächte, mit Rüstungswettläufen, kulturell-religiösen Konflikten und sich verschärfenden globalen Krisen das Streben nach Glück ablösen werden? Und wenn an dessen Stelle die Verantwortung als Gattung für den Planeten treten muss? Wird sich das individuelle Streben nach Glück zukünftig überhaupt noch trennen lassen von der globalen Verantwortungsübernahme? Wird durch die Klimakrise und das absehbare Erreichen der Grenzen der Ressourcen des Planeten nicht ein neuer, sehr viel engerer Rahmen gesetzt, innerhalb dessen das individuelle Streben nach Glück realisiert werden kann? Wenn wir also vor einem fundamental kulturell-gesellschaftlichen Wandel stehen? Was dann?

Das durch die drohenden Megakrisen erforderliche globale Management weist bereits heute oft mehr in Richtung technokratischer Vorgaben und Einschränkungen als in Richtung des Erhalts oder gar der Ausdehnung von Freiheitsspielräumen für Individuen und die Gesellschaft. Am frühesten wird man diese Entwicklung bei der digitalen Durchdringung des menschlichen Alltags und dem Wegfallen von Schutzbarrieren und Schutzrechten im Bereich des Digitalen feststellen, denn dort wird sich dieser Prozess unter dem Druck des Versprechens einer effektiveren Krisenabwehr und eines verstärkten Schutzes der Bevölkerung durchsetzen und auch aktiv vorangetrieben werden.

Der Westen, genauer die USA, hat den modernen Konsumkapitalismus mit seiner erfolgreichen Zauberformel von der Verbindung von Massenwohlstand und individueller Freiheit in den Vierzigerjahren des vergangenen Jahrhunderts erfunden und als modernes Leitbild der industriellen Zivilisation global durchgesetzt. Das chinesische System zeigt nun jedoch, dass der Konsumismus, mit Massenwohlstand verbunden, auch in einem autoritären System ohne Freiheit funktioniert. So bleibt also nur die Idee der individuellen Freiheit als Grundwert der westlichen Demokratie. Oder werden auch bei uns die individuelle Freiheit und Autonomie am Ende auf dem Altar des Konsumismus – nach der Devise: »Konsumiert, aber haltet ansonsten politisch die Klappe!« – geopfert werden? Ein solcher Verzicht zugunsten des Konsums würde jedoch für den Westen schlicht die Selbstaufgabe bedeuten, den Verrat an seinen Grundwerten, er würde sich selbst entkernen.

Doch unterscheiden sich die Ziele der großen US-amerikanischen Internetkonzerne tatsächlich im Kern von jenen des autoritären Chinas? Immerhin folgen beide Strategien derselben Utopie einer vollständigen digitalen Kontrolle des Einzelnen, nur dass China dabei zuerst politische und staatliche Ziele verfolgt, während es bei Facebook und all den anderen Tech-Giganten der amerikanischen Westküste um privatwirtschaftliche Ziele geht. Das »Metaverse« eines Mark Zuckerberg weist genau in diese Richtung.

So gesehen stellt sich die Frage, welche Bedrohung sich für die westliche, auf individueller Freiheit gründende Zivilisation als die gefährlichere erweisen wird: die von außen in Form einer »Systemalternative« daherkommende chinesisch-autoritäre Variante oder die von innen drohende des digital-kontrollierten Konsums von Facebook? Zuerst und vor allem geht es bei beiden Projekten um die Kontrolle der Daten und damit der Menschen. Die innere Bedrohung, scheint mir, birgt eine größere Gefahr für die Freiheitskultur der westlichen Zivilisation, weil diese sehr viel schwerer als Gefahr zu identifizieren ist als eine externe, autoritäre Systemalternative, die als Bedrohung viel evidenter erscheint.

Die planetarische Transformation wird aus der Perspektive des Westens also eine Neubegründung von Freiheit und des Strebens nach Glück unabweisbar machen, eine andere Utopie, die in die Zeit von Klimakrise und planetarer Transformation passt. Diese normative Neuorientierung müsste aber keinesfalls eine Schwächung des Westens und seiner offenen Gesellschaften mit sich bringen, sie könnte ganz im Gegenteil seine entscheidende Stärkung, ja vielleicht eine Art Wiedergeburt ermöglichen.

Denn nur die offenen Demokratien des Westens werden die notwendigen heftigen Kontroversen über Zielkonflikte führen und daraus lernen können. Diktatorische Systeme hingegen werden mit allen Mitteln eine solche Debatte zu verhindern suchen, da sie Autoritätsverluste befürchten werden.

Wenn in der planetaren Verantwortungsübernahme die Freiheit, das Streben nach Glück, Demokratie und die Solidarität zwischen dem globalen Norden und Süden zusammengeführt würden, dann läge in diesem historischen Bruch sogar eine große Erneuerungschance für den Westen und seine Werte, so er über den Mut, die Entschlossenheit und den Weitblick verfügt, in der planetarischen Transformation die Führungsrolle anzustreben. Und ob der

Konsumismus chinesischer Prägung tatsächlich auf längere Sicht das Fehlen individueller Freiheit, der Entfaltung des freien Individuums erträglich machen kann, bleibt zudem weiter abzuwarten.

Für die kommenden Jahrzehnte der internationalen Entwicklung kann man eine wachsende Zahl von Konflikten und Konfrontationen prognostizieren: Wenn sich die moderne Großmachtrivalität zwischen China und den USA um die hochgradig prestigelastige Frage nach der globalen Nummer eins im 21. Jahrhundert mit der sich verstärkenden Klimakrise und mit neuen, digitalen Technologien (sowohl militärisch als auch zivil) verknüpft, dann droht tatsächlich ein hohes Maß an weltweiter Instabilität bis hin zur Gefahr einer militärischen Konfrontation der Großmächte. Denn ohne verantwortliche globale Zusammenarbeit wird die Klimakrise die internationale Ordnung weiter destabilisieren. Und das in einem globalen machtpolitischen Umfeld, das bereits aus sich heraus zur Instabilität neigt. Klimatisch verursachte Massenmigrationen beispielsweise könnten dieses labile System regional und auch global dann noch weiter in eine gefährliche Schieflage bringen oder gar zu dessen Kollaps führen.

Ein Beispiel: Ein regionaler Gewaltherrscher gerät innenpolitisch aufgrund gestohlener Wahlen oder

Ähnlichem unter Druck und versucht, mit der Öffnung seiner Grenze für Flüchtlinge eine Krise mit seinen Nachbarn auszulösen. Geschehen im Herbst 2021 an der polnisch-weißrussischen Grenze, wo der weißrussische Diktator Lukaschenko versuchte, Migranten aus dem Nahen und Mittleren Osten, die er unter Zuhilfenahme falscher Versprechungen einfliegen ließ, als Waffe gegen die EU einzusetzen, die zuvor wegen dessen Wahlfälschung Sanktionen gegen ihn erlassen hatte. Massenmigration als Waffe – eine völlig neue Bedrohung und Herausforderung. Eine solche bewusst herbeigeführte Krise kann sich in einem krisenhaften politischen Umfeld als sehr gefährlich erweisen, zumal wenn sie sich mit den geo- und machtpolitischen Interessen einer Nuklearmacht wie Russland in Osteuropa verbindet. Es zeigt, welches Destabilisierungspotenzial in einer Massenmigration steckt, zumal wenn diese auch noch unter den Bedingungen einer eskalierenden Klimakrise stattfinden sollte. Es gibt gegenwärtig kaum nationale wie multilaterale Instrumente, um einer solchen Herausforderung erfolgreich zu begegnen.

Angesichts allseits vorhandener ethnischer, kultureller und religiöser Unterschiede und des allgegenwärtigen menschlichen Egoismus wird die Berufung auf Menschenrechte, UN-Konventionen und die jeweilige Rechts- und Verfassungslage nicht lange tragen, sofern der Druck an den Grenzen nur brutal genug zunimmt. Weder die offenen Gesellschaften des Westens noch gar die internationale Gemeinschaft, die in Gestalt der UN-Organisationen bereits heute Bewundernswertes leisten und dabei doch nie über die erste humanitäre Nothilfe hinausreichen, sind auch nur im Entferntesten auf eine solche Krise vorbereitet, weder materiell noch institutionell.

Aber wahrscheinlich wird es, dies ist der Regelfall, erst erfahrener und erlittener Krisen bedürfen, bevor sich die internationale oder auch regionale Gemeinschaft zu wirksamen Hilfs- und Gegenmaßnahmen aufrafft. Die stabilitätsgefährdende Wirkung einer durch die Klimakrise ausgelösten Massenmigration beispielsweise illustriert die Gefahr für das globale Staatensystem der Zukunft, das durch die beiden erwähnten sich widersprechenden Realitäten der Politik bestimmt werden wird: die »alte« Realität der hergebrachten Machtpolitik und die »neue« Realität der gemeinsamen planetaren Verantwortung, die alles andere als widerspruchsfrei miteinander zu koexistieren versprechen.

Ganz im Gegenteil, je weiter die Weltgemeinschaft das 1,5-Grad-Ziel von Paris verfehlen wird, desto mehr werden die extremen (Wetterlagen) und strukturellen (Trockenheit, Anstieg des Meeresspiegels) Konsequenzen einen negativen Einfluss auf die machtpolitischen Realitäten haben und zu einer Erhöhung der Risiken auf der globalen oder auch regionalen Ebene beitragen. Es wird sich nicht verhindern lassen, dass die bereits heute absehbare Instabilität, die sich aus der globalen Klimakrise ergibt, auf die politischen Verhältnisse »überspringt« und die notwendige Zusammenarbeit unter machtpolitischen Rivalen erschweren wird.

Was wird z. B. geschehen, wenn sich große Mächte dem internationalen Konsens zur Bekämpfung der Klimakrise und den sich daraus ergebenden Reduktionsverpflichtungen entziehen und mit ihrer CO_2-Emission ungebremst, mit der Unterstützung ihrer Bevölkerung, einfach fortfahren? Man denke nur an den dramatischen Waldverlust in Amazonien und die unrühmliche Rolle, welche die brasilianische Zentralregierung unter Präsident Bolsonaro gemeinsam mit den Regierungen einiger brasilianischer Bundesstaaten dabei spielt.

Es lässt sich unschwer erkennen, dass sich mit dem Fortgang der Klimakrise und der Bemühungen der Staatengemeinschaft, diese unter Kontrolle zu bringen, ein völlig neues und zugleich hochkompliziertes, weil sich mit traditioneller Machtpolitik verschränkendes Aufgabenfeld für die internationale Diplomatie auftun wird. Denn aus staatlicher Souveränität entsteht nun die Verpflichtung zu einem nationalen Beitrag zur Begrenzung oder gar Überwindung der Klimakrise. Staatliche Souveränität bekommt dadurch aber eine völlig neue Bedeutung. Nicht Abgrenzung und der eigene Machtanspruch werden weiterhin im Vordergrund stehen, sondern der jeweilige Beitrag zu der planetaren Verantwortungsübernahme.

Und auch die leidige Prestigefrage, wer denn nun die globale Staatengemeinschaft im 21. Jahrhundert anführen werde, wird sich eines Tages nicht mehr vor allem an der Anhäufung klassischer Machtmittel und wirtschaftlicher Stärke entscheiden, sondern vor allem daran, wer über die Technologie und die wirtschaftliche Kraft verfügt, die Menschheit im Kampf gegen die Klimakrise anzuführen und die dafür notwendige Wende hin zur politischen Kooperation aller zu ermöglichen und zu finanzieren.

Unsere Zukunft wird sich also daran entscheiden, ob der Kampf gegen die Klimakrise zu mehr Geschlossenheit, ja sogar zu mehr Einheit im Staatensystem führen wird oder aber zu mehr Instabilität, zu mehr Konfrontation und Konflikt. Wir wissen es heute noch nicht. Die sogenannten »Realisten« unter den sicherheits- und außenpolitischen Experten werden tausend Gründe in der Vergangenheit und im »Wesen« des Homo sapiens finden, warum nur die negative Option Wirklichkeit werden kann. Sie kommen aber an der Tatsache nicht vorbei, dass es eine solche Herausforderung, dass es die politische Notwendigkeit zu einer Antwort auf die Überlebensfrage der gesamten Spezies Mensch noch niemals zuvor in der Menschheitsgeschichte gegeben hat. Also, wer weiß? Und was heißt schon Realismus unter den Bedingungen des Anthropozäns?

Die bisherigen politischen Organisationsformen des Homo sapiens mit ihren machtpolitischen Rivalitäten und Egoismen werden sich für die überlebensnotwendige neue Politik der planetaren Verantwortungsübernahme als unzulänglich erweisen, was nun aber alles andere als für die Wahrscheinlichkeit eines sanften Übergangs spricht. Ganz im Gegenteil deutet alles darauf hin, dass diese Übergangsphase weder krisen- noch katastrophenfrei verlaufen wird. Dazu wurde in den vergangenen Jahrzehnten zu viel Zeit vertan, und die Reaktion der Menschheit findet viel zu spät und zu zögerlich statt, wie die jüngste UN-Klimaschutzkonferenz in Glasgow sinnfällig demonstriert hat. Viele Worte, viel Rhetorik, aber kaum Taten, die dem belegten Zeitdruck gerecht werden würden. Und der notwendige Bruch mit der Tradition wird zudem so radikal und tiefgreifend sein, dass er seine Zeit braucht. Gewiss, im Jahr

2021 hat sich gerade im Bereich des Klimaschutzes viel getan, mächtige Staaten und große wirtschaftliche Akteure haben sich zu weitgehenden Maßnahmen verpflichtet, aber die bange Frage spitzt sich dennoch immer weiter zu: Reicht der Bewegungsrhythmus menschlicher Politik, reicht die Geschwindigkeit, und reicht die Zeit angesichts der objektiven Dynamik der Klimakrise?

Die politische Staatskunst in dieser Zeit des Übergangs wird darin bestehen, diese Krisen und Katastrophen zu nutzen, um eine neue Politik voranzubringen, ohne in die Konflikte und Konfrontationen der alten Machtpolitik zurückzufallen, zugleich aber alle Anstrengungen auf das Äußerste zu mobilisieren, um die Erwärmung des Weltklimas innerhalb der wissenschaftlich vertretbaren Grenzen zu halten oder, falls diese überschritten werden, diesen so nahe wie möglich zu bleiben. Im Klartext: Es wird dabei um jedes Zehntel Grad Temperaturanstieg gehen, das bei der Zunahme der Klimaerwärmung verhindert werden kann!

Dazu gehören mit Sicherheit auch technologische Schritte wie das sogenannte Geo-Engineering, d.h. großtechnisch planetare Antworten auf die Herausforderung der Erderwärmung. Wie weit solche Eingriffe in die Natur auf längere Sicht ohne schädliche Folgen für das gesamte System des Planeten bleiben werden, ist die entscheidende, nur schwer zu beantwortende Frage. Nehmen wir als Beispiel die Technologie des Entzugs von CO_2 aus der Atmosphäre und dessen unterirdische Deponierung, die sogenannte CCS-Technologie (Carbon Capture and Storage). Sie wird, der Not gehorchend, unter dem weiterwachsenden Druck der eskalierenden Klimakrise trotz hoher Kosten immer zwingender werden, weil ansonsten dem Erreichen der »Tipping Points« kaum zu entkommen sein wird. Die voranschreitende Krise und deren teure Folgen werden zudem die Kosten dieser neuen Technologien mehr und mehr in den Hintergrund drängen und andere technische Lösungen, die heute noch als völlig irreal erscheinen, zu realistischen Möglichkeiten machen. Es wird ohne jeden Zweifel auch einen Eskalationseffekt bei den technologischen Antworten auf die Krise geben, aber die Aufgabe – die Dekarbonisierung der weltweiten Industriegesellschaften bei gleichzeitigem Offenhalten der Entwicklungsmöglichkeiten für den armen globalen Süden – ist einfach so atemberaubend komplex und gewaltig, dass sie ihre von den Menschen und ihren tradierten Systemen abhängige Zeit brauchen wird, und dieses Zeitmaß entspricht nicht jenem der Klimakrise, wie wir heute schon wissen.

Die Härte und die Radikalität der Zäsur werden nicht nur eine andere Wirtschaft und eine andere Gesellschaft hervorbringen, sondern auch das Verhältnis des Homo sapiens zu seinem Planeten Erde fundamental verändern. Bisher war es unsererseits bestimmt durch eine schlichte Subjekt (der Mensch)-Objekt (die Natur)-Beziehung.

Über die Jahrtausende hinweg war diese menschlicherseits durch Erobern und Ausbeuten bestimmt und wird fortan durch Zusammenarbeit und Bewahren ersetzt werden müssen. Dies bedeutet aber eine fundamentale Richtungsumkehr, vergleichbar einem Eingriff in die DNA des Homo sapiens. Denn mit allem hat dieser gerechnet, aber nicht mit einer Antwort des Planeten. Und genau dies geschieht in unseren Tagen.

Aus der seit dem ersten Auftreten des Menschen in der Evolution bestehenden Subjekt-Objekt-Beziehung wird eine neue Subjekt-Subjekt-Beziehung.[19] Auf unser Tun oder auch Unterlassen gibt es fortan immer eine Antwort des Planeten. Und wenn wir als Gattung die Klimakrise nicht verhindern oder wenigstens begrenzen können, dann wird es sogar innerhalb weniger Jahrzehnte bis etwa zur Mitte des Jahrhunderts zu einer Verkehrung des Subjekt-Objekt-Verhältnisses kommen, nur diesmal zulasten des Homo sapiens. Dieses Schicksal möge unseren

Nachfahren erspart bleiben! Und es wird von den heute lebenden Generationen und ihrer Verantwortungsbereitschaft abhängen, ob es so weit kommen wird.

Die Zeichen deuten aber immer wieder in die falsche Richtung: So sehr gerade das Jahr 2021 die Herausforderung durch die planetaren Krisen in ihrer ganzen Dramatik offengelegt hat, so sehr erlebt gerade Europa an seiner östlichen Grenze die Rückkehr einer gewaltsamen Hegemonialpolitik seitens Russlands unter Wladimir Putin.

Ziel von Russlands Westpolitik ist die grundsätzliche Revision der postsowjetischen europäischen Staatenordnung und ihrer Grenzen, wie sie mit dem Zerfall der Sowjetunion entstanden ist. Dies geschieht unter Androhung von erpresserischer Gewalt oder tatsächlich durch den Einsatz von Gewalt, wie im Osten der Ukraine tagtäglich erlebbar. Es geht Putin dabei um die Rückkehr in die überwunden geglaubte gewaltsame europäische Vergangenheit, in die Zeit des Kampfes der europäischen Großmächte um die Ausdehnung und Dominanz ihrer jeweiligen Einflusszonen. Putins eigentlicher Gegner ist dabei nicht die Nato, sondern die EU, die europäische Antwort auf die Jahrhunderte von Kriegen und nicht enden wollendem Schrecken auf dem alten Kontinent. Die EU verkörpert das Ende innereuropäischer

Großmacht- und Einflusszonenpolitik und ermöglichte die Neubegründung Europas auf den Grundsätzen von Gewaltverzicht, Unverletzlichkeit der Grenzen, Solidarität, Demokratie, Rechtsstaat und Marktwirtschaft. Die Nato hingegen ist die Manifestation der amerikanischen Sicherheitsgarantie für Europa, was sie für viele Ost- und Nordeuropäer, die sich von Russland und dessen erneuerten Hegemonialansprüchen in Osteuropa bedroht fühlen, so attraktiv macht. Hier beißt sich nun die Katze der russischen Hegemonialansprüche in den eigenen Schwanz, denn je bedrohlicher die russische Politik für kleinere Nachbarn wirkt, desto mehr werden sie Schutz im Nato-Bündnis suchen, was Putin partout verhindern will. Ein Russland, das selbst den Werten des Europas nach dem Ende des Kalten Krieges verpflichtet bliebe, würde solche Ängste gar nicht erst auslösen.

Die Russische Föderation ist die Nachfolgerin der Sowjetunion. Diese war, bedingt durch das Gleichgewicht des Schreckens zwischen Ost und West im Kalten Krieg, nach Stalins Tod 1953, nach mehreren Berlinkrisen und der brandgefährlichen Kubakrise zumindest in Europa eine nahezu saturierte Macht, die vor allem am Erhalt des damaligen Status quo interessiert war. Putins Russland dagegen ist offen revisionistisch, damit alles andere als saturiert und möchte ein anderes Europa erzwingen, mit der Rückkehr russischer Vorherrschaft zumindest in Osteuropa und im sogenannten »postsowjetischen Raum« an Russlands Peripherie. Es geht in diesem Konflikt keineswegs um die Ostausdehnung der Nato. Dies ist lediglich russische Propaganda, ein Vorwand für den Hausgebrauch, denn die Nato ist in der russischen Bevölkerung ein altes, allseits abrufbares Feindbild aus den Jahrzehnten des Kalten Krieges.

Es geht Putin vielmehr um die grundsätzliche Revision der europäischen Friedensordnung zugunsten der erneuten Aufteilung des Kontinents in Einflusszonen der Großmächte, um die Rückgewinnung einer hegemonialen Rolle Russlands in Europa. Damit wäre die Schmach des Zerfalls der Sowjetunion und des dadurch erzwungenen Rückzugs hinter die russische Westgrenze endgültig getilgt und Russlands Prestige als gleichrangige Weltmacht gegenüber den USA und China wiederhergestellt.

Putin fürchtet nicht die Nato, die ist ihm und seinen Militärplanern nur zu bekannt und vertraut. Was er fürchtet, ist das Virus der Demokratie, einen zukünftigen Maidan auf dem Roten Platz in Moskau und auch die innere Verwestlichung Russlands. Denn das hieße das Ende von autoritärer Oligarchenherrschaft. Im Kreml ist man offensichtlich der

Meinung, dass das heutige Russland mit seiner eurasischen Ausdehnung nur zusammenzuhalten und damit als Weltmacht zu erhalten sei, wenn es erstens zu keiner Entscheidung in der Frage des Charakters des Staates komme – Nationalstaat oder Imperium? – und zweitens Wirtschaft, Gesellschaft und Politik oligarchisch-autoritär geführt würden. Dies heißt aber zurück ins späte neunzehnte und frühe zwanzigste Jahrhundert einschließlich des Festhaltens an der traditionellen Ertragsbasis der russischen Volkswirtschaft von Energieexporten im großen Stil. Angesichts der ökonomischen Bedeutung der Erlöse aus den kohlenstoffbasierten Energieexporten (Erdöl, Erdgas) für Russland wird es daher nicht allzu lange dauern, bis sich die Frage der Energiezukunft unter den Bedingungen der Klimakrise auch in Russland zuspitzen wird.

Worin besteht der Unterschied zwischen Russland und Saudi-Arabien, dem anderen Land, das ebenfalls nahezu vollständig von kohlenstoffbasierten Energieexporten abhängig ist? Saudi-Arabien ist nicht die Erbin einer gescheiterten globalen Supermacht namens Sowjetunion wie Russland. Saudi-Arabien verfügt daher auch nicht über die Instinkte einer ehemaligen Supermacht, die Erfahrung der Demütigung, den Schmerz des Abstiegs und die Sehnsucht nach Revision einer Ordnung, die entstanden ist in einer historischen Situation der Schwäche Russlands. Und vor allem verfügt Saudi-Arabien nicht über das nukleare Waffen- und somit Bedrohungspotenzial Russlands.

Putins Strategie konzentriert sich nicht von ungefähr auf die Ukraine, denn sollte es auf mittlere Sicht dem Land gelingen, sich zu stabilisieren und sich in seiner inneren Struktur zu europäisieren, so wäre das für die autoritäre Oligarchenherrschaft in Russland eine enorme Gefahr. Deshalb, nicht wegen einer angeblichen Bedrohung durch die Nato, gilt es für den Kreml, die Ukraine durch einen Zustand ständiger Bedrohung und Kriegsgefahr an einer erfolgreichen Entwicklung zu hindern. Putin wird klug genug sein, nicht das Territorium der Nato-Mitgliedstaaten anzugreifen, denn damit käme es zur großen Konfrontation mit dem Westen. Die Ukraine bietet angesichts ihrer geopolitischen Lage und als Nicht-Nato-Mitglied andere Möglichkeiten. Durch die permanente, von Russland erzwungene Instabilität könnte es Moskau gelingen, faktisch eine Revision der europäischen Ordnung durch die Androhung von Gewalt zu erzwingen und eine russische Einflusszone im postsowjetischen Raum zu etablieren, ohne einen direkten militärischen Konflikt mit der Nato zu riskieren.

Auch hier entsteht unmittelbar ein Zusammenhang zum Kampf gegen die Klimakrise: Schon ein militärischer Angriff seitens Russlands auf die Ukraine hätte massive Konsequenzen für diesen Kampf, der Angriff würde den Gasmarkt verrücktspielen lassen und in Europa eine Versorgungskrise mit massiven wirtschaftlichen Konsequenzen auslösen. Nicht mehr die Dekarbonisierung der europäischen Energiemärkte stünde plötzlich im Vordergrund, sondern die Gewährleistung der Versorgungssicherheit. Russland wäre aber nur äußerst kurzfristig der Gewinner, denn tatsächlich verlöre es mit Europa seinen besten Gaskunden, der nicht so einfach ersetzbar wäre. Den Europäern würde durch diese Krise zweifelsfrei klargemacht, welchen Preis sie für ihre Energieabhängigkeit von Russland tatsächlich zu entrichten hätten, und würden alles unternehmen, um diese zu verringern oder zu beenden.

Man sieht an diesem aktuellen Beispiel im Osten Europas, wie konfliktreich das Verhältnis von machtpolitischer Ebene einerseits und planetarer andererseits ausfallen kann, wenn es zu einem Zusammenprall von Großmachtinteressen kommt. Der Kampf gegen die Klimakrise kann dann sehr schnell in Mitleidenschaft gezogen werden und wertvolle Zeit verloren gehen.

Die EU ist technologisch und wirtschaftlich zwar ein Schwergewicht, aber gerade in der aktuellen

Ukrainekrise wird den Europäern unzweideutig von Putin demonstriert, dass dies alleine nicht reicht. Europa wird sich in dieser sehr kritischen Übergangsphase nicht erlauben können, weiter in der Rolle eines machtpolitischen Leichtgewichts zu verharren. Man stelle sich nur einmal vor, statt Joe Binden säße noch Donald Trump im Weißen Haus, was nach den nächsten Präsidentschaftswahlen im November 2024 durchaus wieder eintreten könnte. Was dann?

Man sieht, nicht nur der Fortgang der Klimakrise übt einen unerbittlichen Druck und Handlungszwang auf die politische Agenda der kommenden Jahre aus, sondern auch der wahlpolitische Kalender wichtiger westlicher Mächte wie der USA und auch Frankeichs mit den Präsidentschaftswahlen im Frühjahr 2022. All diese Wahlen werden schon ganz im Zeichen der doppelten (machtpolitischen versus planetaren) Realität stehen und je nach Ausgang der Wahlen große Konsequenzen haben.

DEUTSCHLAND HAT
BEREITS GEWÄHLT

Der Zufall wollte es so, dass im September 2021 in Deutschland ein neuer Bundestag gewählt wurde. Angela Merkel ist nach 16 Jahren als Bundeskanzlerin abgetreten, und Deutschland bekam eine neue Mehrheit, die sogenannte Ampelkoalition, bestehend aus SPD, den Grünen und der FDP unter dem sozialdemokratischen Bundeskanzler Olaf Scholz.

Um die Dimension der Herausforderungen, vor denen das Land und seine neue Regierungskoalition stehen, zu erkennen, bedarf es eines Rückblicks auf die Ära Merkel: Angela Merkel hatte den Deutschen gegeben, wonach sie sich nach den herausfordernden Jahren nach dem Ende des Kalten Krieges, der Wiedervereinigung und in den zwei Jahrzehnten danach in Ost und West gesehnt hatten: nach Ruhe, Wohlstand und Sicherheit, kurz: danach, das Leben zu genießen. All das bekamen sie von der Bundeskanzlerin zur Zufriedenheit einer dauerhaften und stabilen Mehrheit geliefert, wie sich unschwer an ihrer viermaligen Wahl und Wiederwahl ins Kanzleramt ablesen lässt. Die Merkel-Jahre verliefen dabei alles andere als krisenfrei: die große Finanzkrise 2008, mit der direkt darauf folgenden Griechenland- und Eurokrise, die Nuklearkatastrophe von Fukushima im Frühjahr 2011 mit dem sich anschließenden beschleunigten Atomausstieg in Deutschland, im März 2015 dann Kriegsgefahr in Europa, die Krise um die Krim, deren russische Annexion und der Beginn des Krieges im Osten der Ukraine, 2015 die große Flüchtlingskrise und 2020 der Beginn der Covid-19-Pandemie. All diese Krisen hatte nun keineswegs Angela Merkel zu verantworten, sie musste als Bundeskanzlerin aber mit ihnen umgehen. Das tat sie zur Zufriedenheit einer Mehrheit im Lande und auch der internationalen Partner Deutschlands. Das Land blieb unter ihr in seiner Unbeweglichkeit berechenbar, von wenigen Ausnahmen abgesehen, wie in der Flüchtlingskrise 2015.

Der Aufstieg Chinas sorgte in dieser ganzen Zeit zudem für ein anhaltendes Exportwunder der deutschen Industrie, vor allem in der Automobilindustrie, der Chemie und im Maschinenbau. Angela Merkels Regierungszeit war durch immerwährenden wirtschaftlichen Sonnenschein und ein unerschütterliches Festhalten am ökonomischen Status quo gekennzeichnet. Die Welt veränderte sich um Deutschland herum machtpolitisch und wirtschaftlich in rasender Geschwindigkeit, aber all die anstehenden konfliktträchtigen Entscheidungen, die ihre Mehrheit hätte gefährden können – die Zukunft Europas, eine stärkere militärische Rolle Deutschlands in Europa und der Nato, die brennende demografische Frage des überalternden Landes, die Zukunft der umlagefinanzierten staatlichen Rente und die zukünftige Wettbewerbsfähigkeit der deutschen Wirtschaft –, wurden vertagt. Die Folgen der Klimakrise und der aus dieser Krise erwachsende Handlungsbedarf wurden im Wesentlichen unter PR-Gesichtspunkten abgehandelt.

Im Rückblick erscheint Deutschland unter der Kanzlerschaft von Angela Merkel als ein behütetes, mit sich selbst zufriedenes Land, dessen Stärken aus dem ablaufenden industriellen Zeitalter herrühren und die dank des chinesischen Wirtschaftswunders noch einmal – ein letztes Mal? – aufblühten. Hinzu kam, dass andere westliche Wettbewerber, wie etwa die USA und Großbritannien, sich in derselben Zeit selbst deindustrialisierten, ihre Industrie in Billiglohnländer in Ostasien exportierten, auf Reimporte setzten oder, wie im Falle des Vereinigten Königreiches, auf den Übergang zum Dienstleistungssektor. Japan befindet sich seit dem Beginn der 90er Jahre in einer langen wirtschaftlichen Stagnation. Deutschland aber hielt an seiner industriellen Stärke fest, was sich angesichts des Booms in China als segensreich erweisen sollte, und exportierte Jahr für Jahr immer mehr.

Das goldene Licht der Abendsonne, ein später Glanz schien in der Zeit Angela Merkels über allem in Deutschland zu liegen, bis die Pandemie kam und die Lichter anfingen auszugehen. Digitalisierung? Fehlanzeige. Ebenso beim Klimaschutz und der Vorbereitung der Wirtschaft auf den Wettbewerb mit Ostasien und den USA. Mangelnde Modernität der öffentlichen Verwaltung und des Schulsystems – die Schwächen der Bundesrepublik Deutschland wurden durch das Virus gnadenlos offengelegt.

Darüber hinaus leistete sich das Land eine neue Ideologie, nämlich die von ausgeglichenen Haushalten und der »Schwarzen Null«. Dass dieses Ziel nur durch das rigorose Zusammenstreichen oder gar das völlige Unterlassen von dringend notwendigen öffentlichen Investitionen, etwa im Infrastrukturbereich, erreichbar war, wurde erst später sichtbar.

Als schlimmer noch sollte sich angesichts der herrschenden Sparideologie in Deutschland der mit der Investitionsschwäche einhergehende Verlust von Innovations- und Investitionsdynamik erweisen, die das Land vor allem im Bereich der Zukunftstechnologien zurückgeworfen hat.

Betrachtet man Deutschland während der Ära Merkel entlang einer längeren Linie, so muss man zu dem Schluss kommen, dass das große und wirtschaftlich wichtigste Land in der Mitte Europas in den Jahren ihrer Kanzlerschaft ein erhebliches Modernisierungsdefizit hat entstehen lassen, das seine zukünftige Wettbewerbsfähigkeit im Verhältnis zu seinen wichtigsten Wettbewerbern bedroht.

Außenpolitisch vertrat Deutschland in jenen Jahren eine Politik des bloßen Festhaltens am Status quo, auch wenn dieser spätestens seit Trump sichtbar in Auflösung begriffen war. Diese deutsche Status-quo-Fixierung gilt vor allem auch für Deutschlands Rolle im westlichen Bündnis und seine Verweigerung zum Aufbau der eigenen militärischen Stärke sowie für die Europapolitik. Sie wirkte dort in ihrer Ideenlosigkeit und wegen ihres mangelnden Mutes als großer Bremsfaktor, ganz im Gegensatz zur traditionellen deutschen Rolle als Motor für eine erweiterte Integration.

Europapolitisch waren die sechzehn Jahre unter Angela Merkel eine verlorene Zeit, und als ihr mit der Wahl Emmanuel Macrons zum französischen Staatspräsidenten ab 2017 ein überzeugter Europäer als Partner entstand, nutzte sie diese historische Möglichkeit zur Weiterentwicklung der EU nicht. Erst fast gegen Ende ihrer Amtszeit willigte sie unter dem Druck der wirtschaftlichen Folgen der Covid-19-Pandemie in eine angeblich nur temporäre, tatsächlich aber weitreichende Veränderung der finanzpolitischen Regeln der EU ein: 750 Mrd. Euro für ein wirtschaftliches Wiederaufbauprogramm der Mitgliedstaaten, unter der Aufsicht der Kommission, schuldenfinanziert. Die Kommission wird zum ersten Mal in der Geschichte der EU ermächtigt, eigene Bonds am Kapitalmarkt auszugeben, garantiert durch die Mitgliedstaaten. Das war in der Tat ein Schritt in die Zukunft Europas hinein, der die EU unwiderruflich verändern wird!

Ihr Nachfolger, der Sozialdemokrat Olaf Scholz, wurde aus einer scheinbar aussichtslosen Lage heraus, quasi als eine männliche Kopie von Angela Merkel, wider alle Erwartungen gewählt. Nur wird er dieses Versprechen, diesen Anschein einer zweiten Angela Merkel nicht einhalten können, denn zu viele nichtbezahlte Rechnungen in der Innen- wie in der Außenpolitik haben sich in den sechzehn Jahren angehäuft, deren Begleichung jetzt angegangen werden muss, sollen das Land und seine Wirtschaft nicht ernsthaften Schaden nehmen und in eine gefährliche Sicherheitslage geraten. Was bei Angela Merkel noch die Erfolgsgarantie für ihre »ewige Kanzlerschaft« war (Bewegungslosigkeit und Bewahrung des Status quo), hieße für die Kanzlerschaft Scholz' das sichere

Scheitern, denn das Festhalten an der Strategie Merkels liefe auf die Verweigerung des dringend benötigten historischen Aufbruchs Deutschlands hinaus. Olaf Scholz wird daher das genaue Gegenteil von seiner Vorgängerin sein müssen, ein Kanzler der Zumutungen!

Mit der Ruhe, wie in den Jahren von Angela Merkel, ist es erst einmal für eine längere Zeit vorbei, denn Deutschland und Europa sind in den Stürmen von Klimakrise und Weltpolitik angekommen, ihre historisch bedingte Auszeit ist beendet. Die Welt sortiert sich neu, und mit ihr muss sich der alte Kontinent neu aufstellen, ob es den Europäern gefällt oder nicht.

Die »Ampelkoalition« steht allerdings nicht nur vor der großen Aufgabe, praktische Antworten auf die planetaren Krisen zu finden und das weltweit viertgrößte Industrieland klimagerecht umzubauen, sie muss dabei auch die Mehrheit der Bevölkerung mitnehmen und die Gesellschaft zusammenhalten.

An erster Stelle wird dabei die Dekarbonisierung des Energiesystems stehen müssen, was sich unter den Bedingungen des Industrielandes Deutschland als keine einfache Aufgabe erweisen wird, denn einerseits will die »Ampel«, wenn möglich, früher aus der Kohle aussteigen als von der Vorgängerregierung beschlossen (Ende des Jahres 2038). »Idealerweise gelingt dies schon bis 2030«, heißt es dazu auf Seite 58 in der Koalitionsvereinbarung, andererseits hält die Koalition aber auch an dem Fahrplan für das Ende der letzten deutschen Atomkraftwerke (Ende 2022) fest. Und dann noch der Faktor P (Putin)! Daraus erwächst aus Gründen der Versorgungssicherheit, nicht nur wegen der Dekarbonisierung, der Zwang zu einem beschleunigten Ausbau von Windkraft an Land und auf hoher See und der Fotovoltaik. An die Stelle von Kohle und Atom soll »grüner« Wasserstoff aus erneuerbaren Stromquellen und als Back-up für den Übergang Gaskraftwerke treten. Die neue Bundesregierung hat sich also den forcierten Aufbau eines auf erneuerbaren Energieträgern und grünem Wasserstoff basierten Energieerzeugungssystems vorgenommen, auch und gerade für CO_2-intensive Industrien wie Stahl, Zement und Chemie, und sie hat ihren politischen Erfolg davon abhängig gemacht. Eine gewaltige Transformationsaufgabe, aber mit einem geringeren Einsatz, wird das Versprechen, am 1,5-Grad-Pfad festzuhalten, kaum machbar sein, und im Erfolgsfalle kann sich dieses Versprechen als eine große Chance für die Zukunft Deutschlands erweisen.

Mit der Zuspitzung der Klimakrise wird jedoch ein Widerspruch in der Klimapolitik der EU virulent, vor allem zwischen Deutschland und Frankreich, der zwar seit Langem vorhanden war, aber immer unter der Oberfläche gehalten und vertagt werden konnte. Deutschland ist keine Nuklearmacht und hat auch nicht die Absicht, eine solche zu werden. Das Land hat sich seit mehreren Jahren für den Atomausstieg entschieden. Nach einem kurzfristigen Wiedereinstieg unter der Regierung Merkel/Westerwelle kam es dann, bedingt durch die Atomkatastrophe von Fukushima, zu einem weiteren U-Turn und beschleunigten Ausstieg. In der Energiepolitik setzt die Ampelkoalition verstärkt auf erneuerbare Energiequellen – Wind, Sonne und grünen Wasserstoff. Frankreich hingegen ist Atommacht, will und wird diesen Status auch beibehalten und ist in seiner Stromversorgung fast völlig von der Nuklearenergie abhängig, auch wenn die Kosten für Neubauten oder laufzeitverlängernde Maßnahmen für bestehende Reaktoren explodieren, von der offenen Endlagerfrage ganz zu schweigen. Dieser Riss in der Frage der Bewertung der Nuklearenergie zieht sich durch die Mitgliedstaaten der Gemeinschaft. Die Atomenergie ist ohne jeden Zweifel eine hochgefährliche Risikotechnologie, teuer, mit ungelösten Entsorgungproblemen und -kosten und zudem mit einem großen geopolitischen Proliferationsrisiko verbunden.

Deutschland, Frankreich und die Europäische Union insgesamt können es sich aber nicht erlauben, dass dieser Gegensatz angesichts der doppelten Herausforderungen von Klimakrise und der Rückkehr der Konfrontation von globalen Großmächten eskaliert. Das deutsch-französische Paar ist untrennbar miteinander verbunden, wenn es eine Zukunft für die EU geben soll, so bleibt nur ein Kompromiss, mit dem alle Beteiligten werden leben können und müssen.

Es ist einer dieser nicht vorhersehbaren Zufälle der Geschichte, dass just in dem Moment, in dem mit Pandemie und Klimakrise die planetaren Fragen in der praktischen Politik sicht- und spürbar werden, Deutschland gewählt und eine neue Regierungskoalition erhalten hat. Es wird die erste deutsche Regierung seit Gründung der Bundesrepublik 1949 sein, die es mit der doppelten politischen Realität der planetaren Transformation und einer Rückkehr von Großmachtpolitik auf globaler Ebene zu tun bekommt.

Diese Regierung wird strategisch immer mindestens drei Bälle (planetare Transformation, traditionelle Macht- und Bündnispolitik und Europa) zur selben Zeit in der Luft halten müssen, wenn sie erfolgreich sein will. In diesen unterschiedlichen Realitäten wird es sich Deutschland in den kommenden

Jahren und Jahrzehnten nicht erlauben können, bloß passiv zu verharren und auf andere zu hoffen, denn es gibt kein Entweder-oder zwischen der von Putin losgetretenen machtpolitischen Krise in Osteuropa und dem klimagerechten Umbau von Wirtschaft und Gesellschaft in Deutschland und Europa. Deutschland wird als wirtschaftliche und geopolitische Zentralmacht Europas in beiden Feldern gleichermaßen neue Ideen brauchen und handeln müssen. Es wird vor allem seine eigene europäische Rolle neu definieren und eine Mehrheit in der Innenpolitik dafür gewinnen müssen.

Der Klimaschutz stellt aber nicht nur eine gewaltige Herausforderung für die Welt dar, sondern bietet für Deutschland und Europa zugleich eine große Modernisierungschance. Wie bereits erwähnt, wird Europa kaum zu den großen Weltmächten des 21. Jahrhunderts aufschließen. Anders ist dies beim Klimaschutz und bei der klimagerechten Transformation der Industriegesellschaft. Hier spielt bereits heute Europa eine führende Rolle und kann diese verteidigen und ausbauen. Die »grünen« Technologien bieten, in Verbindung mit der Digitalisierung, gerade einer industriestarken Wirtschaft wie der deutschen eine Modernisierungsperspektive im 21. Jahrhundert, mit allen positiven Folgen für Arbeitsplätze, Gewinne, Einkommen und den Erhalt des Sozialstaats. Deutschlands Zukunft wird entscheidend von dem Erfolg dieser Modernisierung abhängen.

Zum ersten Mal wird das Land von einer Koalition aus drei Parteien regiert. Diese neue Konstellation könnte sich gerade in ihrer politischen Breite durchaus als glücklich erweisen. Denn dadurch kann sie weite Teile der Gesellschaft erreichen und mitnehmen, wenn ihr der Kompromiss zwischen Wettbewerbsfähigkeit, ökologischem Umbau und sozialem Zusammenhalt gelingt. Ein solches politisches Projekt wird nicht widerspruchsfrei ablaufen, sondern es wird dann und wann ruckeln und knirschen, vielleicht sogar öfter als erwartet. Dies ist keine Koalition von Gleichgesinnten, sondern von höchst unterschiedlichen Partnern, zusammengezwungen durch die Realität. Und diese wird sich als harte Lehrmeisterin erweisen.

Die neue Ampelkoalition hat sich den klimagerechten Umbau der viertgrößten Industriegesellschaft der Welt zum Ziel gesetzt und damit auch zum Maßstab ihres Erfolges gemacht. Sie setzt auf ökologische, digitale und soziale Modernisierung, und an diesem Erneuerungsprogramm wird sie gemessen werden. Damit aber hat sie sich objektive Erfolgskriterien gesetzt, denen sie nicht wird entkommen können. Die Erfüllung dieser Kriterien wird über ihren politischen Erfolg entscheiden, aber nicht nur. Es geht auch um die politische Zukunft des Landes, eng verwoben mit der Zukunft der EU, seiner Rolle in der Welt, seinem Gewicht und seinem Wohlstand in den kommenden Dekaden.

Die Koalitionsvereinbarung ist voll von quantifizierten und zeitlich fixierten Zielvorgaben. Daran wird nicht nur der grüne Teil der »Ampel« gemessen werden, sondern die Koalition als Ganzes. Sie wird liefern müssen oder abgewählt werden. Und es ist gut, dass alle Beteiligten dies wissen.

Eine neue, sehr andere Zeit zieht herauf, von der wir nicht genau wissen, wie sie aussehen wird. Wird es uns wie Goethe gehen, der im September 1792 als Zeitzeuge der Kanonade von Valmy aufseiten der royalistischen Interventionstruppen gegen das revolutionäre Frankreich seine Empfindung in denkwürdigen Worten zusammenfasste: »Von hier und heute geht eine neue Epoche der Weltgeschichte aus, und ihr könnt sagen, ihr seid dabei gewesen.« Der Geheime Rat Goethe spürte die Bedeutung der Kanonade als den Beginn einer neuen Epoche, aber bei allem Respekt – was war schon diese Kanonade im Vergleich mit der Klimakrise. Ein eher ephemeres historisches Ereignis, während die Klimakrise die ganze Welt des Homo sapiens betrifft und radikal verändern wird. Und dennoch passen diese Worte des Dichterfürsten aus Weimar exakt für unsere Zeit. Denn wir können sagen, wir sind dabei gewesen bei der großen planetarischen Transformation, zumindest an deren Anfang.

ANMERKUNGEN

1 »Schließlich kam die Erde zur Ruhe und trat in die von Geologen so genannte Epoche des Holozäns (aus dem Griechischen: ›das völlig Neue‹) ein, eine der regelmäßig zwischen Eiszeiten auftretenden Warmzeiten. Wir bezeichnen sie als Garten-Eden-Epoche oder Goldlöckchen-Epoche [nach dem engl. Märchen *Goldilocks and the Three Bears*, Anm. d. Übers.], weil sie nicht zu warm und nicht zu kalt war. Die prägenden Merkmale des Holozäns waren ein ungewöhnlich stabiles Klima, selbst im Vergleich zu anderen Warmzeiten, sowie die Empfindlichkeit dieser Stabilität. [...] Das Holozän ist die Geschichte einer Spezies, die ihren Planeten zu dominieren beginnt und die lebenserhaltenden Systeme überfordert, die diesen Planeten in seinem verblüffenden, relativ stabilen Zustand halten.« Johan Rockström, Owen Gaffney, *Breaking Boundaries. The Science of Our Planet*, London, 2021, S. 48.

2 »Auf unserem Planeten wirken drei riesige Systeme, die bekannte Kipppunkte haben und den Zustand des gesamten Planeten regulieren. Es handelt sich um (1) das Klimasystem, (2) die Ozonschicht und (3) die Ozeane.« Rockström/Gaffney, a.a.O., S. 77.

3 Siehe dazu den Essay von Burkhard Müller »Von wegen Anthropozän«, in der Zeitschrift MERKUR Nr. 865, 75. Jahrgang, Juni 2021, Nr. 865, S. 5 f., 75:

»Die Welt ist älter und tiefer, so alt und tief, dass wir, wenn wir uns auch ihres irdischen Raums zur Gänze bemächtigen, ihre eigentliche Dimension noch nicht einmal geritzt haben. Jeder Stein, den wir in die Hand nehmen, sollte uns zum Verstummen bringen. Er liegt einfach so auf dem Feld herum und ist doch, je nachdem, zehn Millionen Jahre alt, hundert Millionen oder eine halbe Milliarde; und er wird da leicht noch ebenso lang in der Zukunft liegen.«

4 »Die industrielle Revolution war erst der Anfang einer Revolution, so extrem und radikal, wie sie nur je den Geist von Sektierern befeuerte, aber dieses neue Glaubensbekenntnis war durch und durch materialistisch und vermeinte, alle menschlichen Probleme könnten durch das Vorhandensein einer unbeschränkten Menge materieller Güter gelöst werden.« Karl Polanyi, *The Great Transformation*, Frankfurt/M 1978, S. 68.

5 »Im Laufe der letzten paar Jahrzehnte haben Wissenschaftler vieler Disziplinen ihre Kräfte gebündelt und ein höchst umfassendes Bild davon gezeichnet, was zum Teufel da eigentlich gerade passiert ist. Ursprünglich hielten sie den Beginn der industriellen Revolution für den Moment, in dem die Menschheit zu einer planetarischen Kraft wurde. Doch diese Sichtweise hat sich kürzlich geändert. Mittlerweile liegen erdrückende Beweise vor, dass die Menschheit in Wahrheit in den 1950er-Jahren damit begonnen hat, das Lebenserhaltungssystem der Erde zu überlasten. Die Verhältnisse nach dem Zweiten Weltkrieg begünstigten eines der einschneidendsten Ereignisse nicht nur in der Geschichte der Menschheit, sondern in der Geschichte unseres Planeten. Der Beginn

dieser Periode ist als ›Nachkriegsboom‹, Golden Age of Capitalism oder Les Trente Glorieuses (›die dreißig glorreichen Jahre‹) bezeichnet worden. Treffender allerdings ist ›Große Beschleunigung‹ (Great Acceleration), und diese hält bis heute an. Die Daten hinter der Großen Beschleunigung führten zu der Einsicht, dass die Erde das Holozän, also unsere Goldlöckchen-Epoche, verlassen hat. Innerhalb nur eines Menschenalters ist die Erde in eine weit ungewissere Epoche eingetreten: das Anthropozän.« Rockström/Gaffney, a.a.O., S. 59f.

6 »Krieg ist Vater von allen und König von allen. Die einen erweist er als Götter, die anderen als Menschen, die einen macht er zu Sklaven, die anderen zu Freien«, aus: *Die Vorsokratiker,* Bd. 1, Düsseldorf 2007, S. 307.

7 IPCC – Intergovernmental Panel on Climate Change.

8 »Im meistzitierten Einzeiler des Faches Internationale Beziehungen erklärt der antike griechische Historiker Thukydides: ›Es waren der Aufstieg Athens und die Furcht, die das in Sparta auslöste, die den Krieg unausweichlich machten.‹« Graham Allison, *Destined for War*, Boston, New York 2017, S. XIV, und weiter: »Dieses Phänomen habe ich als ›Thukydides-Falle‹ bezeichnet: die starke strukturelle Spannung, die entsteht, wenn eine aufstrebende Macht sich anschickt, eine herrschende Macht zu stürzen. Unter solchen Umständen können nicht nur außergewöhnliche, unerwartete Ereignisse, sondern schon gewöhnliche außenpolitische Reibereien einen weitreichenden Konflikt auslösen.« Allison, a.a.O., S. 29f.

9 »Weltklimarat: Erde erwärmt sich immer schneller.

Wissenschaftler warnen vor Anstieg der Temperatur um 1,5 Grad bis 2030 … Schon im Jahr 2030 könne die Erde 1,5 Grad wärmer als im vorindustriellen Zeitalter sein. Das wäre zehn Jahre früher als noch 2018 prognostiziert.« Der Tagesspiegel vom 10. August 2021.

10 »Bis Ende 2021, so schätzen die meisten Analysten, wird das chinesische Bruttoinlandsprodukt (BIP) 71 Prozent des US-amerikanischen BIP entsprechen. Zum Vergleich: In den frühen 1980er-Jahren, während des Kalten Krieges, entsprach das BIP der Sowjetunion weniger als 50 Prozent des BIP der USA.« Wang Jisi, »The Plot Against China? How Beijing Sees the New Washington Consensus«, in: *Foreign Affairs,* Bd. 100, Nr. 4, Juli/August 2021, S. 48.

11 »Was aber genau ist ein Kipppunkt? In unserem Kontext ist ein Kipppunkt die Schwelle, an der ein komplexes System, beispielsweise ein Gehirn oder ein Regenwald, einen relativ stabilen Zustand verlässt und in einen neuen Zustand zerfällt. Dies kann durch sehr kleine Veränderungen ausgelöst werden […] Was passiert, wenn wir einen Kipppunkt des Klimasystems überschreiten? Zunächst einmal können wir es uns abschminken, uns dem Klimawandel schrittweise anzupassen. Der Anstieg der Meeresspiegel wird sich beschleunigen und weniger vorhersagbar werden. Die Natur wird massiv Kohlenstoffdioxid in die Atmosphäre ausstoßen, wenn das Erdreich jenseits des Nordpolarkreises auftaut, Feuer in der Arktis wüten und der Amazonasregenwald sich von einem CO_2-Speicher in einen CO_2-Emittenten verwandelt. Die jetzige Generation sowie Dutzende zukünftiger Generationen werden davon

betroffen sein, bis der Planet in ein neues Gleichgewicht findet.« Rockström/Gaffney, a.a.O., S. 71 f.

12 Frankfurter Allgemeine Zeitung (FAZ) vom 13. August 2021.

13 Bruno Latour, *Das terrestrische Manifest*, S. 121–123.

14 Während ich dies schreibe, breitet sich die neue, zuerst in Südafrika entdeckte Variante des Cov-19-Virus namens »Omikron« in großer Geschwindigkeit weltweit aus, die mutmaßlich noch ansteckender, wenn auch nicht unbedingt gefährlicher ist als ihre Vorgängervarianten.

15 »Klimawandel erhöht Flutrisiken – Die erste wissenschaftliche Auswertung der tödlichen Juli-Fluten in der Ahr- und Erftregion sowie an der Maas in Belgien hat einen deutlichen Einfluss des Klimawandels auf solche Extremhochwasser festgestellt. Es gebe nun ›eine hohe statistische Sicherheit, dass der menschengemachte Klimawandel die Wahrscheinlichkeit und die Intensität eines solchen Ereignisses erhöht hat und dass sich diese Entwicklung mit einer weiteren Klimaerwärmung fortsetzt‹. So lautet das Fazit einer Analyse der ›World Weather Attribution‹-Initiative, an der sich 39 Wissenschaftler aus 22 internationalen Forschungsinstituten beteiligten.« FAZ vom 25. August 2021, S. 4; siehe auch die Webseite worldweatherattribution.org

16 »Mehr als eine Milliarde Menschen ohne Strom – Statt mit Strom kochen laut UN-Bericht immer mehr Menschen mit gesundheitsschädlicher Holzkohle oder Dung. Und die Industrieländer senken ihren Energieverbrauch nicht genug. Mehr als eine Milliarde Menschen auf der Welt haben keinen Zu-

gang zur Elektrizität. Das geht aus einem Bericht der UN-Initiative Sustainable Energy for all hervor, den die Weltbank und die Internationale Energieagentur (IEA) in New York vorstellten.« https://www.zeit.de/wirtschaft/2017–04/energie-strom-zugang-gesundheitsschaedliche-brennstoffe-sustainable-energy-for-all?wt_zmc=sm.ext.zonaudev.mail.ref.zeitde.share.link.x.

17 »Zusammengefasst sind es die folgenden Hauptpunkte, die wir wirklich verstehen müssen. Erstens zeigt uns die Wissenschaft mit überwältigender Klarheit, dass ein Einhalten der planetaren Belastungsgrenze von 1,5 °C uns Menschen eine Zukunft gewähren wird, die wir bewältigen können. Bei 2 °C werden die Folgen extremer ausfallen. Zweitens sind in dieser Prognose nur direkte Folgen berücksichtigt. Zusätzlich besteht die Gefahr, Kipppunkte zu überschreiten und dadurch eine selbstverstärkende Erwärmung der Erde auszulösen. Bei mehr als 2 °C drücken wir möglicherweise auf den Ein-Schalter und erhöhen die globale Temperatur um weitere 0,5 °C. In diesem Fall droht eine unaufhaltsame Kaskade. Die Reise ins Treibhaus würde beginnen.« Rockström/Gaffney, a.a.O., S. 98.

18 »Im Jahr 2030 kommt bereits etwa jedes dritte Kind in Afrika auf die Welt, heute ist es noch jedes vierte. Dies und die steigende Lebenserwartung in den meisten afrikanischen Ländern haben zur Folge, dass von den rund 2 Milliarden Menschen, um die die Erdbevölkerung bis 2050 anwachsen wird, etwa die Hälfte auf Afrika entfallen wird.« nzz.ch/international/demographischer-wandel-7-prognosen-zur-weltbevölkerung-2050-ld.1626318.

19 »Aber wie kann angegeben werden, *wo* wir uns befinden, wenn dieses Etwas, ›auf‹ oder ›in‹ dem wir sit-
zen, auf unsere Handlungen zu reagieren beginnt, zu
uns zurückkommt, uns umschließt, uns beherrscht,
etwas von uns verlangt und uns in seinem Lauf mit-
reißt? … Das TERRESTRISCHE stellt nicht länger
llein den Rahmen des menschlichen Handelns dar, es
ist vielmehr *Teil davon*. Der Raum ist … zu einer be-
wegten Geschichte geworden, in der wir selbst nur
Beteiligte unter anderen sind, die auf Reaktionen anderer reagieren. Augenscheinlich landen wir mitten
in der *Geogeschichte* … Das TERRESTRISCHE ist
zweifellos eine NEUE WELT, ähnelt aber keineswegs der einst von den Modernen ›entdeckten‹, dann
aber entvölkerten. Das ist keine neue *Terra Incog-
nita* für Forscher mit Kolonialhelm. Keinesfalls handelt es sich um eine *res nullius*, bereit zur Appropri-
ation.« Latour, a. a. O., S. 53.

Die Übersetzungen der Zitate aus Rockström/Gaffney
(*Breaking Boundaries, The Science of our Planet,* London 2021), Graham Allison (*Destined for war,* Boston
2017), Wang Yisi (»The Plot against China? How Beijing
sees the new Washington Consensus«, *Foreign Affairs,*
Bd. 160, Nr. 4, 2021) wurden erstellt von Michael
Schickenberg.

Aus Verantwortung für die Umwelt hat sich der
Verlag Kiepenheuer & Witsch zu einer nachhaltigen
Buchproduktion verpflichtet. Der bewusste Umgang mit
unseren Ressourcen, der Schutz unseres Klimas und der Natur
gehören zu unseren obersten Unternehmenszielen.

Gemeinsam mit unseren Partnern und Lieferanten
setzen wir uns für eine klimaneutrale Buchproduktion
ein, die den Erwerb von Klimazertifikaten zur
Kompensation des CO_2-Ausstoßes einschließt.
Weitere Informationen finden Sie unter:
www.klimaneutralerverlag.de

1. Auflage 2022

© 2022, Verlag Kiepenheuer & Witsch, Köln
Alle Rechte vorbehalten
Covergestaltung: KOSMOS – Visuelle Kommunikation, Münster
Covermotiv: © Rawpixel.com
Gesetzt aus der Sabon
Satz: Buch-Werkstatt GmbH, Bad Aibling
Druck und Bindung: GGP Media GmbH, Pößneck
ISBN 978-3-462-00245-4

Joschka
Fischer
Willkommen im
21. Jahrhundert
Europas Aufbruch und die
deutsche Verantwortung

Seit dem Abstieg der USA als globale Ordnungsmacht nach 1989 gibt es eine gefährliche neue Rivalität nuklearer Weltmächte, die jederzeit eskalieren kann: Korea, Hongkong, Kaschmir, Iran, Jemen, Syrien, Ukraine. Ein neues Wettrüsten. Handels- und Technologiekrisen. In dieser Situation wird die Transformation Europas in eine souveräne weltpolitische Macht zu einer entscheidenden Zukunftsfrage, die ohne einen selbstbewussten Beitrag und die volkswirtschaftlichen Ressourcen Deutschlands und Frankreichs nicht gelöst werden kann. Erkennt die deutsche Politik die Zeichen der Zeit?

Kiepenheuer & Witsch

Joschka **Fischer**
Der Abstieg des Westens
Europa in der neuen Weltordnung
des 21. Jahrhunderts

KiWi

Aktualisierte
Neuausgabe

Zeitenwende – was folgt auf das »Jahrhundert des Westens«?

Eine schonungslose Analyse des ehemaligen Außenministers Joschka Fischer über die politischen Krisen der Gegenwart, das Ende der Dominanz des Westens und den Beginn einer neuen Weltordnung.

Joschka Fischer, der als Außenminister der rot-grünen Koalition von 1998 bis 2005 maßgeblich am europäischen Einigungsprozess beteiligt war, analysiert in seinem Buch die Ursachen der verschiedenen Krisenherde und der politischen Stagnation in Europa, die verheerende Folgen für die Sicherheit, die Demokratie und den Wohlstand in Europa haben kann. Und er entwickelt als überzeugter Europäer überraschende strategische Ideen, um den europäischen Einigungsprozess wiederzubeleben und die EU zu reformieren.

Kiepenheuer & Witsch

Joschka
Fischer
»I am not convinced«
Der Irak-Krieg und die
rot-grünen Jahre

Kiepenheuer
& Witsch

Der 11. September 2001 leitete eine Zeitwende ein, die die
deutsche Regierung und den damaligen Außenminister
Joschka Fischer vor dramatische Herausforderungen
stellte. Die erste Antwort auf die New Yorker Anschläge
war der Krieg in Afghanistan, der bis in die Gegenwart
die deutsche Politik in Atem hält. Das Gleiche gilt für den
Krieg der USA gegen den Irak, dem sich die rot-grüne Koalition entgegenstellte und der zu heftigen Konflikten
zwischen den USA und Deutschland führte.

Kiepenheuer
& Witsch

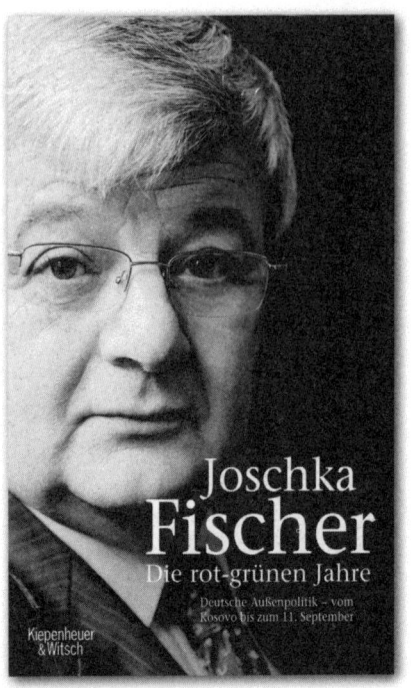

Der erste Band der politischen Erinnerungen Joschka Fischers an die Jahre der rot-grünen Koalition. Die deutsche Außenpolitik in Zeiten weltpolitischer Umbrüche vom Kosovo-Krieg bis zum 11. September, zwischen innenpolitischer Reformpolitik und parteipolitischen Krisen und Kontroversen.

Kiepenheuer & Witsch

Mit dem Ende des Kalten Kriegs, spätestens aber nach den Terroranschlägen am 11. September 2001 hat definitiv eine neue Epoche der Weltpolitik begonnen. Joschka Fischer fragt nach den Risiken und Chancen für friedliche Kooperation und Gerechtigkeit in den internationalen Beziehungen, für eine Erneuerung des Westens und eine Reform der Vereinten Nationen.

Kiepenheuer
& Witsch